DANS LA MÊME COLLECTION

Christine Bourgoin : *Protéines végétales.*
Laurence Buiret-Grégoire : *Les Soins naturels de l'enfant.*
Jean-Claude Chomat : *Le Ginseng, racine de longue vie.*
Chantal Clergeaud : *Votre beauté au naturel.*
Jean-Luc Darrigol : *Le Miel pour votre santé.*
Jean-Luc Darrigol : *Les Céréales pour votre santé.*
Jean-Luc Darrigol : *Traitements naturels de la constipation.*
Jean-Luc Darrigol : *Santé et beauté de vos cheveux.*
Dr Jean-Loup Dervaux : *Migraines et céphalées.*
Dr Jean-Loup Dervaux : *La Spasmophilie.*
Dr Jean-Loup Dervaux : *Les Allergies.*
Dr Louis Donnet : *Les Aimants pour votre santé.*
Gérard Edde : *Manuel pratique de digitopuncture.*
Gérard Edde : *Les Couleurs pour votre santé.*
Gérard Edde : *La Médecine ayurvédique.*
Louis Faurobert : *Jeune et belle après 40 ans !*
Henri-Charles Geffroy : *L'Alimentation saine.*
Vincent Gerbe : *Votre potager biologique.*
Vincent Gerbe : *Initiation au végétarisme.*
Jean-Pierre Krasensky : *Massage réflexe des pieds.*
Boune Legrais et Gilbert Altenbach : *Santé et cosmo-tellurisme.*
Francis Lizon : *Chiens et chats : comment les élever et les soigner... naturellement.*
Thierry Loussouarn : *Initiation au yoga.*
Dr Éric Marsaudon : *Le Corps et ses rythmes.*
Désiré Mérien : *Les Clefs de la nutrition.*
Jacques Mittler : *Introduction à la macrobiotique.*
Gilles Orgeret : *Le Geste qui soigne. Tous les "trucs" du kiné pour soigner et soulager.*
André Passebecq : *L'Argile pour votre santé.*
André Passebecq : *La Santé de vos yeux.*
André Passebecq : *Traitements naturels des affections respiratoires.*
André Passebecq : *Traitements naturels des affections circulatoires.*
André Passebecq : *Traitements naturels des troubles digestifs.*
André Passebecq : *Rhumatismes et arthrites. Traitements naturels.*
André Passebecq : *Traitements naturels des maladies des reins, vessie, prostate.*
Martine Rigaudier : *330 recettes végétariennes.*
Martine Rigaudier : *Recettes et menus végétariens pour les 4 saisons.*
Guy Roulier : *La Santé au féminin.*
Guy Roulier : *La Santé au masculin.*
André Roux : *Introduction à l'iridologie.*
Dr J.-E. Ruffier : *Gymnastique quotidienne.*
Joël Savatofski : *Le Massage douceur.*
Joël Savatofski : *Le Massage minute.*
Joël Savatofski : *La Pause massage.*
Jean-Luc Senninger : *Les Bains d'air et de soleil.*

Initiation au végétarisme

Collection "Santé naturelle"

L'AUTEUR :

Vincent Gerbe, né en 1939, licencié ès Lettres, a été plusieurs années enseignant à Lyon.

Frappé par la dégradation de l'alimentation moderne et la destruction des sols par une agriculture de pillage, il décide de consacrer ses efforts à l'extension de l'agriculture biologique par la diffusion de ses productions. Il organise des expositions et des débats dans le but de provoquer une prise de conscience dans le public.

OUVRAGE DU MÊME AUTEUR :

Votre potager biologique. *Comment jardiner sans engrais ni traitements chimiques. Que planter, quand et comment ?* (Editions Dangles).

Respect de la vie, protection des sols, solidarité avec tout ce qui vit, sauvegarde de l'équilibre naturel... A partir de ces principes de base, l'agriculture biologique met en œuvre un ensemble de **techniques fondamentales :** compostage, travail du sol, engrais verts, préparats biodynamiques, fertilisants et insecticides naturels, rotation des cultures, adaptation des plantations aux divers types de sols, associations végétales... qui sont ici décrites dans l'optique d'une **mise en pratique accessible à chacun :**

– Comment obtenir une parfaite qualité biologique des produits potagers...

– Comment éliminer les parasites et fertiliser sans produits chimiques nocifs...

– Comment faire soi-même son compost, ses engrais, entretenir la terre...

– Que planter, quand et comment ?

Vincent Gerbe

Initiation au végétarisme

Pourquoi et comment devenir végétarien.
Le régime de transition.
Recettes végétariennes.

Recettes : Pilar Gerbe

30e mille

Editions Dangles
18, rue Lavoisier
45800 ST-JEAN-DE-BRAYE

ISSN : 0180–8818
ISBN : 2-7033-0257-6

Introduction

L'industrie moderne fournit des images à la consommation ; il suffit de considérer les campagnes publicitaires actuelles pour s'en rendre compte. L'homme moderne se nourrit de signes ; les nourritures doivent être « prestigieuses », « dans le vent » ; le procédé est bien connu et largement utilisé dans ce domaine comme ailleurs. Le produit à faire consommer (marketing) est lié à une image sans relation avec ce qu'il supporte. L'exemple le plus paradoxal est, évidemment, de faire accepter au consommateur des produits hautement artificiels en les reliant à des images évoquant la nature, car tout citadin a une soif de naturel qu'il suffit de combler avec n'importe quelle marchandise pourvu que les images, les signes et les slogans soient fournis en même temps. N'a-t-on pas vu des soupes « sauvages » en boîte, des pains « de campagne », des confitures « grand-mère » fabriqués industriellement en usine ? Il en est de même pour les jambons fumés... au chalumeau, mais qui évoquent une vie et une époque qu'on se plaît à croire édéniques, lorsque le paysan accrochait dans sa cheminée les jambons provenant des porcs qu'il avait nourris de pommes de terre et de châtaignes.

Le consommateur accepte d'être trompé parce que l'image lui plaît, mais la réalité est plus difficile à appréhender. L'économie du passé n'était pas idyllique, mais nous semble encore inspirée par des valeurs dont la nostalgie est ressentie — souvent à tort — et abusivement exploitée. La solution se trouve dans une appréciation exacte de la réalité ; le passé ne reviendra pas, c'est certain ; l'organisation économique actuelle fournit une apparente prospérité dont tout le monde ressent qu'elle ne durera pas. Il importe donc de construire des solutions nouvelles qui ne soient pas faites de regrets et de fatalisme. L'âge d'or est passé ; en fait, il n'a jamais existé que dans nos esprits mais, à ce titre, il a bien une réalité. La vie ne peut être abandonnée à des machines économiques, financières, techniques, bureaucratiques... que l'on ne peut plus contrôler.

L'alimentation biologique répond simplement à sa norme nutritive, car elle est issue d'une agriculture qui remplit ses vrais objectifs : maintien de l'héritage terrien, de la fécondité, du taux d'humus qui est la garantie de l'avenir et de la survie, à l'inverse de l'agriculture polluante et suicidaire. Le produit biologique correspond à ce qu'il doit être : le meilleur possible, sur le plan nutritif, pour l'homme. On ne peut, dans ce domaine, concevoir de demi-mesure : c'est bien l'optimum qui doit être recherché et atteint, sans compromis possible, et l'on comprend bien qu'il s'agit de maintenir le potentiel génétique du genre humain. Il est finalement peu de domaines aussi fondamentaux !

Les solutions ne résident en aucun cas dans une approche parcellaire et spécialisée ; c'est par un travail incessant de rapprochement entre des études particulières et des réflexions globales que s'élaborent des voies de vie nouvelle. La tâche du nutritionniste et du diététicien consiste à faire constamment le point sur les recherches conduites en laboratoire, et à les rapprocher d'observations nombreuses sur le vivant, individus ou sociétés. Mais ces recherches et ces observations sont orientées et interprétées en fonction des idées générales de base qui les inspirent ; elles sont le plus souvent placées dans un cadre officiel (et, de ce fait, conservateur) ; on ne voit pas, autrement, comment la production alimentaire traditionnelle aurait pu dévier à ce point vers l'artificialité actuelle.

PREMIERE PARTIE

Pourquoi changer sa façon de se nourrir ?

CHAPITRE I

Notre alimentation moderne

1. Le conformisme alimentaire

Pour certains, la diététique serait une complication coûteuse, réservée à des maniaques munis de pèse-lettres. Si cette perspective vous rebute, simplifiez-vous la vie, et nourrissez-vous du bon vieux gruau de nos robustes ancêtres ! Cette frugalité céréalienne, cette simplification, cette simplicité même est une conquête : consciemment choisie, volontairement appliquée, et si l'on possède un tempérament suffisamment indépendant dans une société qui tolère encore la singularité, elle laisse l'esprit libre.

Il ne faut en aucun cas rechercher une norme qui serait fournie extérieurement, mais seulement des éléments de compréhension qui permettent de dégager la liberté de jugement et d'action qui pourront s'étendre à d'autres domaines.

La signification du steack-frites dépasse largement tout ce que l'on peut en dire d'un point de vue strictement nutritionnel... et il y aurait beaucoup à dire ! C'est très exactement un lien social et culturel (notre société a la culture qu'elle peut !). En effet, n'avons-nous pas ici une chose réelle sur l'excellence de laquelle le consensus universel pourrait s'établir au-delà même de nos frontières et que, à l'évidence, tous les continents se devraient d'adopter pour se civiliser ? Ce mets notoirement indigeste est l'un des piliers du conformisme social, mais le conformisme n'est-il pas une nourriture confortante quoiqu'un peu lourde ? Celui qui ne partage pas cette « religion du steack » se verra marginalisé de fait ; en cette occasion, et surtout en cas de difficulté, qu'il ne s'attende pas à recevoir une aide compréhensive et éclairée, mais plutôt à voir resurgir les solides et bonnes vieilles sottises extraites du fonds inépuisable des idées toutes faites : « *Un bon bifteck, c'est encore ce qu'il y a de mieux !* » Ceux qui, en pareille occasion, prodiguent de tels conseils, sont moins bien intentionnés qu'ils ne le proclament, et cherchent simplement la stabilité de leur propre univers personnel, aussi dérisoire soit-il.

Celui qui adopte un autre mode de vie, d'une façon visible et concrète, sape les bases du conformisme. Il se heurte à l'intolérance, car on est immédiatement suspect si l'on est différent, même dans son assiette.

2. La signification du besoin carné

« *A travers le choix de nos aliments, nous recherchons le type de sensations générales qui correspond à ce que nous désirons être* », écrit le professeur Trémolières dans *Partager le pain.*

La viande donne une impression de force facilement agressive, par sa sapidité et son assimilation rapide. L'alimentation végétarienne inclinerait plus volontiers, étant moins excitante, à des états contemplatifs où dominent les valeurs spirituelles. Il y aurait une sorte de correspondance entre la vie brutalement arrachée à l'animal et les sensations créées par sa consommation. Néanmoins, une fois la désamination effectuée, le résultat semble être strictement le même sur un plan physiologique : des éléments qui font partie de notre culture, et principalement le modèle bouddhique, donnent une image conventionnelle et figée du végétarisme, comme moyen nécessaire de l'accès à la spiritualité, ce qui est une confusion, puisqu'il n'est une condition pas plus nécessaire que suffisante pour y accéder.

Mais ce n'est pas par hasard si, de tout temps, des groupes d'hommes ont adopté le végétarisme pour faciliter leur développement spirituel au sein de sociétés qui n'étaient pourtant pas particulièrement carnivores. Le moyen semble parfois être pris pour la fin et la règle supplanter l'esprit. En outre, placé dans une société carnivore, le végétarien, qui sert précisément de cible à cause de sa singularité alimentaire, subit la violence des autres. La viande correspond effectivement à des situations qui exigent une réponse violente, signe particulier de notre époque, mais sa surconsommation entretient cette violence.

Intérieurement pacifié, on pourrait certainement consommer de la viande sans en subir les effets sur son psychisme, mais on parvient d'abord à cet état si on cesse d'alimenter tout ce qui nourrit la violence ; on est *dans* l'instant, et cet instant est préparé par tout ce qui précède. La volonté existe à tous les instants, mais elle est le résultat de toutes les actions qui précèdent.

La consommation de viande peut correspondre à la nécessité interne, plus ou moins consciente, d'enraciner son existence matérielle ; cette phase de construction matérielle peut trouver sa place si tous les niveaux de l'être vivent et ne sont pas soumis à ce seul niveau matériel. Nous sommes dans un domaine de relativité. Il est impossible également de démontrer l'inexistence, causée par la consommation de viande, de la vie spirituelle ; mais on ne la conçoit pas non plus dans la pléthore et la surcharge, pas plus que la vie intellectuelle ou artistique qui demande tout autant de mesure, sinon une ascèse. L'élan spirituel n'a pas d'attribut, il ne coïncide avec aucune Eglise, avec aucun clergé, ne se confond avec aucune fonction ou spécialisation ; il existe en tout homme qui lui est fidèle en réalisant sa vocation quelle qu'elle soit. L'homme conscient de son être spirituel doit simplement mettre en œuvre volontairement les moyens matériels et psychologiques qui l'aideront à se déployer.

3. Le carnivorisme

a) Une évidence

Les **obèses**, ou les sujets qui ont tendance à l'obésité, apprécieront un régime végétarien. Les **nerveux**, qui assimilent mal, devront pratiquer un végétarisme assez large et varié qui réponde rapidement aux besoins de l'organisme. Une alimentation végétarienne permet en général d'éviter les surcharges qui traduisent un déséquilibre dans l'alimentation et aggravent, dans tous les cas, les maladies cardiaques par le simple effort musculaire supplémentaire exigé.

b) Une hérésie

De multiples traitements et régimes sont proposés aux obèses ; parmi ces derniers, figurent le régime « Atkins » et ceux qui en sont dérivés. Ce régime alimentaire est destiné aux personnes obèses auxquelles on promet l'amaigrissement en ne mangeant que de la salade, quelques fruits acides et de *la viande à volonté* dont la consommation peut atteindre, si on se réfère aux exemples mêmes fournis par son auteur, des proportions monstrueuses ! Dans ce régime, dont il faut parler puisqu'il semble avoir séduit une partie du public qui entend principalement flatter ses habitudes alimentaires, la seule restriction imposée porte sur les hydrates de carbone (farineux, sucres).

Comme dans toute monodiète, c'est-à-dire tout régime qui se limite à un seul type d'aliment (ici, la viande), il se produit dans l'organisme une transformation du mécanisme de l'assimilation qui peut effectivement entraîner une perte de poids. Mais un tel régime alimentaire constitue une **réponse meurtrière** à une infirmité créée préalablement par un type d'alimentation tout aussi aberrant qui a fatalement conduit au dérèglement métabolique et à l'obésité. Cette alimentation repose principalement sur une consommation excessive de sucres, de boissons sucrées, de pâtisseries, de graisses animales, de viandes et, par ailleurs, sur une carence presque totale et constante d'aliments contenant de la cellulose, tels les légumes verts et les céréales complètes. On peut considérer le régime « Atkins » comme une tentative de rajeunissement du carnivorisme qui trouve évidemment un écho favorable, puisqu'il existe déjà de fait, et prétend donner une solution à l'obésité. Sur un plan économique, c'est aussi un puissant renfort pour une industrie alimentaire qui tend à transformer la production agricole, tout particulièrement céréalière, en nourriture pour les animaux : veaux, bœufs, porcs, volaille sont les principaux consommateurs des matières premières agricoles.

c) Un danger

L'extraordinaire gaspillage de protéines et ses conséquences pour l'humanité tout entière sont abordés plus en détail dans un autre chapitre. Nous nous intéressons ici aux résultats sur l'organisme d'un régime presque totalement carnivore.

Les cas d'appendicite sont infiniment moins nombreux chez les végétariens que chez les carnivores ; cette affection est en effet directement liée à l'alimentation, le transit intestinal se réalisant d'une manière beaucoup plus satisfaisante grâce à une quantité suffisamment importante de fibres végétales.

La consommation régulière de viande élève la tension artérielle ; des observations comparatives montrent que la tension artérielle des végétariens est plus faible que celle des carnivores, constatation intéressante si l'on considère que 10% de la population souffrent d'hypertension.

Ceux qui se soumettent à ce carnivorisme poussé à l'extrême s'exposent inévitablement à **l'athérosclérose** qui constitue déjà un véritable fléau, surtout si ces viandes ont été « poussées » aux antibiotiques. Le foie et les reins en souffriront ; les protéines en excès sont transformées ; les reins sont mis à contribution pour dégrader les éléments toxiques de la viande en acide urique.

Remarquons, par ailleurs, que **l'obésité** résulte d'un dérèglement hormonal et que le fonctionnement des glandes endocrines est très favorisé par une alimentation riche en sels minéraux, en diastases et en vitamines, toutes choses que la viande ne peut fournir.

Il est possible de réduire l'obésité par des moyens très personnalisés qui ne sont jamais d'ordre purement nutritionnel, mais les régimes prônant le carnivorisme à outrance ont pour résultat d'user et de délabrer rapidement l'organisme.

*
*   *

4. Les principales erreurs alimentaires

a) La surconsommation de viande

Les observations ont été faites principalement aux États-Unis, mais l'alimentation de tous les pays industriels, et de la France, pour laquelle les experts prédisent un bel avenir à la « fast food », suivent plus ou moins les mêmes traces et on estime que les résultats seront comparables.

On peut la caractériser par une *richesse excessive en produits carnés* ; la consommation de viande des Français est la plus élevée d'Europe : 104 kg par an et par personne (quatrième rang dans le monde derrière l'Australie, 124 kg, les États-Unis, 118 kg, La Nouvelle-Zélande, 117 kg) ; elle est dix fois plus importante de nos jours qu'il y a un siècle, et en appliquant un modèle mathématique, cette consommation pourrait encore augmenter en France dans les années qui viennent... à moins que d'autres considérations diététiques, morales et économiques ne s'affirment et que des changements importants dans les mentalités ne permettent de renverser cette tendance. Ces 104 kg sont considérables, ils représentent une consommation journalière qui atteint 280 g par personne ; en réalité, la consommation individuelle peut être bien supérieure compte tenu de ceux qui ne mangent pas ou peu de viande ; si l'on ajoute à cela le poisson, les produits laitiers et les œufs, la ration azotée atteint pratiquement le double de ce qu'elle devrait être ; il se produit une **surcharge, non seulement en substance azotée, mais aussi en lipides** ; la viande contient toujours une proportion de graisse importante : le bœuf, de 16 à 25 g pour 100 g ; la charcuterie, 25 à 50 g et même parfois plus.

b) Les autres erreurs

L'alimentation moderne se caractérise par les traits suivants :

— Une **surconsommation globale.**

— Une **consommation excessive de protéines** : viande + produits laitiers + œufs.

— Une **consommation excessive de lipides** : particulièrement graisses saturées fournies par la viande, le fromage, le lait, le beurre, la crème, en tenant également compte de certaines formes auxquelles on ne prête pas attention : graisses des fritures (chips, frites), pâtisseries au beurre ; dans l'ensemble un excès de graisses d'origine animale dont la saturation est encore accentuée par les chauffages.

— Une **surconsommation de glucides**, particulièrement sous forme de sucre industriel, pâtisseries, sirops, glaces, bière, farines blanches raffinées composées uniquement d'amidon.

— Une **consommation excessive d'excitants** aux effets désorganisateurs : café, alcool, thé, condiments irritants.

c) Les carences

— Les carences en **fibres végétales** que fournissent normalement les légumes, particulièrement à feuilles vertes, la partie extérieure des graines des céréales complètes (pain de farine complète, flocons de céréales) : ce manque de fibres entretient la constipation.

— Les carences en **sels minéraux** : cette carence provient d'une consommation insuffisante de végétaux de toutes sortes, fruits, céréales complètes, aliments qui en sont très riches ; la cuisson à l'eau entraîne une perte importante de minéraux.

— Les carences en **vitamines** proviennent d'une consommation insuffisante de produits frais crus, de l'alcool, du tabac, des pesticides, des colorants, des conservateurs, des stress qui réduisent l'utilisation optimale des vitamines.

d) Les aliments déconseillés

Aliments dont la consommation devrait être réduite ou abandonnée :

— Viande, charcuterie, graisse animale, beurre, viandes cuites au beurre ou en sauce, viandes et volailles issues des élevages industriels.

— Aliments en conserve ou surgelés qui sont très dévitalisés.

— Aliments industrialisés traités chimiquement.

— Céréales blanchies, raffinées, privées des précieux minéraux et de leurs vitamines en partie ou totalement.

— Les boissons industrielles sucrées.

— Le sucre industriel.

e) Les aliments conseillés

Aliments dont la consommation doit être introduite ou augmentée :

— Légumes frais variés consommés crus ou cuits, de préférence à la vapeur ou à l'étouffée.

— Céréales complètes non blanchies avec une partie de l'enveloppe (pain, pâtes, flocons, semoules).

— Fruits de saison, fruits secs en coque ou sous forme de purée ou de confit.

— Miel pour remplacer le sucre ; à la rigueur le sucre de canne roux non totalement dévitalisé (comme c'est le cas du sucre blanc).

— Aromates et plantes de toutes sortes à utiliser frais ou séchés.

— Légumes secs en quantité raisonnable comme source azotée.

— Huiles végétales vierges de première pression non chauffées.

— Fromages frais.

Seront **tout particulièrement à rechercher** les **aliments de culture biologique**, c'est-à-dire issus de cultures sans engrais ni traitements chimiques, produits **sans colorants ni conservateurs ou additifs quelconques** (1).

5. Les maladies de civilisation liées à la mauvaise nutrition

Des études conduites dans les pays industriels ont permis de mettre nettement en relation le développement de certaines pathologies et le mode d'alimentation. Pour tous ces troubles, la réforme alimentaire est impérieuse. Quels sont-ils ?

a) La constipation

La constipation, généralisée, est le point de départ de nombreuses maladies, car le séjour prolongé dans l'intestin de substances toxi-

1. Voir, du même auteur : *Votre potager biologique* (même collection, Éditions Dangles).

ques et la baisse de la capacité à utiliser les nutriments, causent un affaiblissement général de l'organisme. Nombre de pathologies sont directement liées à la constipation (2).

La diverticulose, hernie de la muqueuse du côlon à travers la couche musculaire, est typiquement liée à un régime manquant de fibres végétales, et peut être évitée ou enrayée par un régime riche en cellulose et en fibres végétales. Ce régime ne devra pas être considéré comme une ordonnance mais comme le **régime normal**, c'est-à-dire, ce que nous aurons l'occasion de présenter comme **l'alimentation quotidienne de base** ; le comble est de considérer la nourriture saine comme une spécialité médicale à utiliser en dernière extrémité ; et nous ne pourrons qu'applaudir la médecine si elle considère enfin qu'une alimentation bien conçue et de bonne qualité est un puissant moyen de guérison.

Cette alimentation saine, capable de venir à bout de troubles non seulement fonctionnels mais déjà arrivés au stade de la lésion (cancer), devrait être généralisée comme puissant moyen de prévention, parce que l'important est de prévenir ce qui peut l'être, surtout quand les moyens en sont aussi simples.

Les interventions diététiques en pathologie devraient être systématiques pour toutes les maladies, et pas seulement dans le cas des maladies touchant directement l'appareil digestif (ulcères, diverticuloses...) ou des maladies de l'assimilation (diabète). Nous constatons souvent que, même dans des cas dont l'amélioration relève très directement d'un régime alimentaire approprié, cela n'est pas appliqué ou sans connaissance suffisante.

Voici les éléments de base de ce régime qui, au fond, devrait être la règle avec les adaptations personnelles nécessaires :

— Pain complet en remplacement du pain blanc.
— Consommer suffisamment de fruits et légumes.
— Réduire au maximum la consommation de sucres raffinés.
— Utiliser du son de blé.

2. Voir l'ouvrage de Jean-Luc Darrigol : *Traitements naturels de la constipation* (même collection, Éditions Dangles).

— Éviter les excitants : thé, café, épices, condiments, alcool, tabac.

— Éviter les aliments à action laxative : glaces, boissons glacées, bouillons de viande et de poisson, oseille et épinards (sans inconvénient consommés crus en faible quantité : un plat d'épinards cuits représente une forte concentration d'acide oxalique irritant).

— Éviter les aliments favorisant les fermentations : viande en sauce, gibiers, choux cuits...

Quelques remarques s'imposent : on voit trop souvent la panacée dans le son, qui devra provenir impérieusement de culture biologique puisque les pesticides se concentrent tout particulièrement dans l'enveloppe des graines ; on soulignera encore la démarche absurde qui consiste à retirer du blé tout le son qui sera ensuite utilisé pour nourrir les cochons ou fabriquer des spécialités diététiques, alors qu'il suffirait d'en laisser une partie dans la farine destinée à la fabrication du pain, des biscottes ou des pâtes complètes. Les excitants cités plus haut contiennent tous des alcaloïdes toxiques pour le système nerveux, favorisant les spasmes et un mauvais fonctionnement intestinal ; il faudrait ajouter à cette liste le chocolat. Certains légumes deviennent indigestes à la cuisson, les épinards déjà mentionnés, mais également les choux. Les cancers du côlon, dont le développement aux États-Unis a été directement mis en relation avec l'alimentation, sont favorisés par le manque d'aliments végétaux, l'excès de produits carnés toujours très putrescibles, les graisses chauffées (depuis 1901, la consommation de fruits et légumes frais dans ce pays a baissé d'un tiers et celle des produits traités a augmenté de 300 %).

b) Les lithiases vésiculaires

Les lithiases vésiculaires semblent également liées à une alimentation comportant un excès de graisses saturées (graisse de la viande, du beurre), de sucres industriels, type même de la « calorie creuse », c'est-à-dire apportant des calories brutalement, au détriment de l'équilibre minéral du corps ; là encore, le régime approprié devrait s'orienter vers les légumes et les céréales dont les glucides sont fournis à l'organisme d'une manière progressive (sucres « lents »).

c) Le diabète

Le diabète, trouble de l'assimilation, est à l'évidence en relation avec le mode d'alimentation. Dans ce cas également, les sucres « rapides » et les céréales raffinées sont à incriminer ; un régime riche en fibres végétales a une action préventive et permet dans certains cas de ramener à la normale le taux de sucre, de corps gras et de cholestérol dans le sang. Le choix devrait se porter vers les aliments dont l'assimilation se fait lentement ; l'organisme puisera les glucides et les calories dont il a besoin dans des aliments qui les lui fourniront dans un processus lent : ce sont les céréales, blé, riz, légumes (la pectine jouerait également un rôle de régulation de la glycémie ; on en trouve dans le soja et dans les pommes).

Des recherches poursuivies par Mme Renée Sable (professeur de clinique des maladies métaboliques et endocriniennes — *Le Monde*, 29 juillet 1981, a cité ses travaux) indiquent que la consommation régulière de pommes préviendrait les inconvénients d'une surcharge lipidique et glucidique. Dans ce cas encore, les ressources offertes par le cycle naturel donnent les solutions : les excès de sucre et de corps gras sont principalement possibles en hiver, saison au cours de laquelle l'organisme a besoin de ces graisses et de ces sucres pour résister au froid. Or les pommes sont disponibles pendant toute la saison froide. Autrement dit : mangez des pommes et, si c'était déjà le cas, continuez, vous avez pris de l'avance sur la Faculté.

d) Les maladies cardio-vasculaires

Ces maladies ont pris une ampleur catastrophique dans les pays industriels (15 000 infarctus par an en France), dont l'alimentation est caractérisée, comme nous l'avions indiqué plus haut, par une consommation excessive de viande, de graisses, de sucre (3)...

Des études nombreuses faites sur des groupes de population pratiquant des régimes alimentaires reposant sur les céréales, font appa-

3. Voir l'ouvrage du Dr André Passebecq : *Traitements naturels des affections circulatoires* (même collection, Éditions Dangles).

raître que ces maladies coronariennes, si fréquentes dans nos pays, sont pratiquement inconnues chez les végétariens ; les années de restriction alimentaire montrent une baisse caractéristique de ce type de maladies qui sont toujours en relation avec un régime hypercalorique. La formation de calculs biliaires et l'hypercholestérolémie sont à mettre en corrélation et sont favorisés par les mêmes causes. En présence de fibres végétales, l'élimination des sels biliaires est facilitée ; à l'inverse, si le régime est pauvre en fibres végétales, le cholestérol se fixe sur les acides gras saturés et forme des dépôts. Selon le docteur Bieler, il est impossible pour le foie de faire la synthèse d'un cholestérol parfait à partir d'une graisse ayant servi à la cuisson de farineux (cf. pommes de terre frites, chips, saturées de graisse cuite).

Le manque de vitamine C facilite l'augmentation du taux de cholestérol dans le sang ; la consommation de fruits frais est donc très préventive de ce trouble.

On constate souvent un complexe de dégénérescence qui aggrave les effets et, résultant d'une mauvaise nutrition, les entretient : excès de cholestérol, de lipides, de glucides, d'urée ; il ne subsiste aucun doute : il s'agit d'un dérèglement important et général du fonctionnement métabolique.

Cette corrélation entre l'évolution du mode alimentaire et le développement manifeste des maladies dont il est question, a paru suffisamment démontrée pour qu'une commission sénatoriale américaine fixe des objectifs nationaux visant à corriger les défauts du modèle nutritionnel en vigueur (1977). Quels sont ces objectifs ? Consommer moins de viande, moins de matières grasses, moins de graisses saturées, moins de sucre et de sel, plus de fruits et de légumes, plus de matières grasses insaturées, plus de céréales sous forme de grains entiers.

S'il est vrai que l'alimentation n'est pas uniformément aussi déséquilibrée et industrialisée qu'aux États-Unis, où l'excès de viande, de sucre et de boissons sucrées est évident, les régions qui s'engagent sur les mêmes voies connaissent un développement des mêmes formes de pathologie au fur et à mesure que le même type de consommation se met en place se substituant peu à peu aux habitudes locales : les Japonais résidant aux États-Unis et qui consomment environ trois fois plus de graisses que ceux qui vivent au Japon, où d'autres traditions alimentaires subsistent, présentent 10 fois plus de maladies coronariennes que ces derniers.

6. La prédisposition au cancer

Ce n'est pas seulement le cancer du côlon qui est favorisé par la surcharge en lipides et en cholestérol, mais toutes les autres formes de cancer, dans la mesure où le tissu conjonctif lui-même est atteint (cancer du sein). Des guérisons spectaculaires ont été obtenues par un allégement de l'alimentation en graisses, en viande, en protéines, parfois par des jeûnes qui débarrassent l'organisme de ses déchets par l'autolyse (4). Les études et les observations cliniques du docteur Zabel (5) indiquent que l'apparition du cancer est toujours précédée par une élévation anormale du taux de cholestérol qui baisse après que le cancer soit déclaré. Les aliments interdits sont le sucre blanc, les viandes grasses, les graisses chauffées, les farines blanches ; sont recommandés, les céréales complètes, les huiles végétales vierges, les légumes et les jus de légumes lacto-fermentés.

Les causes de développement du cancer ne sont en aucun cas purement alimentaires, pas plus que ne le sont le traitement et la guérison ; il importe d'**établir le terrain le plus favorable à sa prévention et à sa résolution** s'il est déclaré ; ce n'est qu'un élément, mais il est capital. Les statistiques indiquent qu'on ne sait pas guérir les cancers par le moyen des thérapeutiques actuelles qui engloutissent les milliards versés par des contribuables maintenus dans un état de terreur infantile et de dépendance psychologique qui sont aussi des facteurs favorisants ; ces moyens sont principalement la chirurgie et le rayon-

4. Voir l'ouvrage d'Alain Saury : *Régénération par le jeûne* (Éditions Dangles).

5. Docteur Zabel : *La Thérapeutique interne du cancer ; l'alimentation des cancéreux* (Éditions Victor Attinger, Neuchâtel).

nement qui martyrisent le malade et achèvent de délabrer le terrain. Il convient de se tenir à distance d'une analyse qui serait purement mécanique ou physiologique, ne recherchant que des causes matérielles, ou qui n'envisagerait que des causes alimentaires.

Un autre point de vue ne considère que des causes psychologiques ou des traumatismes qui désorganisent la personnalité : la perte d'un sens global de l'existence, la répression sentimentale et affective subie et intériorisée, « *les larmes qui n'ont pas été versées* », comme l'exprime Fritz Zorn dans *Mars*, retournant contre l'être une énergie suicidaire qui dévaste, faute d'avoir trouvé son expression dans l'acte créateur. En réalité, nous sommes placés devant des points de vue différents, c'est-à-dire des angles différents sous lesquels une même réalité est perçue. Une crise existentielle aussi grave que l'apparition d'un cancer ne peut être résolue que par une reconversion intérieure totale de l'individu, ce qui signifie une destruction des modes de pensée et de vie qui ont précédé et qui ont été la cause de l'état actuel ; cette reconversion se traduit aussi par des mesures pratiques appliquées dans la vie quotidienne et non par un simple acquiescement formel, et exige une nourriture corporelle, intellectuelle, émotionnelle, spirituelle radicalement différente.

Les **insuffisants rénaux** et **hépatiques** tireront un grand profit d'une alimentation végétarienne ; en effet, comme nous l'avons déjà mentionné, tout excès protidique est métabolisé en lipides et en glucides, mais ce travail use et vieillit prématurément les organes. Le foie et le rein sont particulièrement malmenés. Ils ont à éliminer et à neutraliser les purines, substances toxiques contenues dans la viande, telle l'urée, produit de dégradation azoté qui encrasse les reins ; les crises de goutte, les lithiases rénales, l'urémie sont en relation avec ces surcharges.

7. L'éducation des enfants

La viande est introduite de plus en plus tôt dans l'alimentation des enfants. On donne déjà de la viande hachée aux nourrissons de quelques mois. Cette pratique est une erreur nutritionnelle, car les cellules adipeuses de l'adulte se forment pendant les premiers mois de la vie. Le bébé bouffi préfigure l'adulte obèse. L'apport carné prématuré favorise aussi les difficultés rénales futures (6).

Une alimentation adaptée à ce stade de la vie devrait reposer sur le lait maternel, ou à défaut sur le lait de vache coupé d'eau et légèrement sucré avec du miel, sur les farines dextrinisées de qualité biologique comportant plusieurs sortes de céréales, sur les jus de légumes et de fruits dont les quantités d'abord réduites seront peu à peu augmentées. Le lait obtenu à partir de soja est une solution de remplacement pour les enfants allergiques au lait d'origine animale.

8. Nocivité des additifs alimentaires chimiques

Colorants, émulsifiants, conservateurs, agents de sapidité ou de texture peuvent déclencher et entretenir des perturbations graves du comportement débouchant sur l'inadaptation chez l'enfant, et sur la délinquance chez l'adolescent. Ces enfants prédisposés à être réactifs aux stimulations chimiques se compteraient par centaines de milliers aux États-Unis ; désignés comme « hyperkinétiques », ils reçoivent, dès leur plus jeune âge, de fortes doses de tranquillisants qui n'auront d'autre résultat que de les abrutir.

Le docteur Ben Feingold (7) a mis en évidence ce phénomène en établissant que les enfants retrouvaient un comportement normal dès que leur alimentation ne comportait plus ces excitants chimiques, alors que les difficultés resurgissaient dès qu'ils y figuraient à nouveau. Cette intolérance qui ne touche que des sujets prédisposés n'est pas une allergie mais une réaction directe et incontrôlable, sans moyen de défense pour l'enfant qui se sent littéralement placé hors de lui-même et incapable de maîtriser son comportement, quel qu'en soit son désir.

---

6. Voir, du Dr André Passebecq : *L'Enfant. Guide pratique pour les parents et éducateurs* (Éditions Dangles ; épuisé).

7. Docteur Ben Feingold : *Pourquoi votre enfant est-il hyperactif?* (Éditions L'Étincelle, Montréal).

Les familles comme les enseignants pourraient envisager le cas de certains enfants normalement doués, mais « intenables », sans les classer trop rapidement dans la catégorie extensible des *inadaptés*. On a tort de tout vouloir rapporter à des causes psychologiques ; la base matérielle et physiologique supporte le psychique et, si elle est atteinte, aucune thérapeutique psychologique n'y pourra quelque chose tant que la cause ne sera pas supprimée : la consommation de produits colorés et parfumés artificiellement tels que bonbons, gâteaux, chewing-gums, glaces peut déclencher une surexcitation incontrôlable. Il conviendrait de ne pas s'en tenir aux seuls États-Unis.

Peut-on admettre que des enfants soient si gravement atteints d'une manière aussi inutile et injustifiable ? En Californie où ces observations ont été faites, l'organisation de la production et de la distribution d'aliments biologiques semble s'organiser massivement et rapidement ; les mouvements de consommateurs y sont plus sérieux qu'en France, le corps médical moins pétrifié, l'administration moins pesante.

Les enfants présentant des troubles de comportement relèvent des psychologues qui recherchent immédiatement dans le milieu familial des causes et des explications. Les travaux cités plus haut font apparaître que ces troubles sont parfois tout simplement d'origine physiologique, sans pour autant relever de traitements coûteux et hautement spécialisés.

Mais on peut évidemment mettre en relation l'attitude de la famille et les difficultés de l'enfant. Une famille dans laquelle on n'accorde aucune importance à une **diététique bien comprise** n'est certainement pas le milieu idéal de développement des enfants ; l'amour des parents est certes primordial mais **ne remplace pas** la nourriture physiologique destinée au corps. En réalité, cet amour existe-t-il vraiment si les soins pratiques et quotidiens se rapportant à l'alimentation sont négligés ou ignorés ? Les parents qui, pour être tranquilles (quelle tranquillité ?), laissent leurs enfants se gaver de bonbons ou autres aliments préjudiciables, les aiment-ils vraiment ?

Ce qui paraît plus certain, c'est que père et mère ne se posent pas de questions et ne veulent pas être dérangés (8).

Il est vrai que proposer des aliments sains aux enfants n'est pas chose facile, en particulier à cause de l'emprise du système publicitaire qui oriente fortement la consommation. Les enfants qui reçoivent une alimentation biologique sont beaucoup moins sensibles aux infections et aux épidémies ; les absences scolaires pour cause de santé sont rarissimes. Les idées sont à tel point faussées qu'il semble tout à fait normal que les enfants soient victimes de troubles chroniques, de maladies infectieuses à répétition. Un enfant ne devrait pas souffrir d'angines et de rhumes chaque hiver ; si c'est le cas, il faut agir sur la nutrition, l'aération, le sommeil, mais ne pas accepter une telle situation comme une fatalité.

---

8. Voir l'ouvrage du Dr André Passebecq : *Votre santé par la diététique et l'alimentation saine* (Éditions Dangles).

CHAPITRE II

La nécessité de l'alimentation biologique

1. Nocivité de la chimie

On ne peut concevoir à notre époque une alimentation végétarienne qui ne soit en même temps biologique : les deux tendent à se confondre. La première porte sur le choix et l'élimination de certaines catégories d'aliments, en particulier les aliments carnés. La seconde se réfère à un mode de production. Un aliment biologique possède une qualité optimale résultant du mode de production : les colorants, les conservateurs, les additifs de toutes sortes, qui achèveraient de dénaturer le produit, en sont évidemment absents.

La première condition absolument indipensable à la qualité d'un aliment est sa culture qui doit être biologique. Les engrais chimiques que l'agriculteur moderne emploie intensivement perturbent l'équilibre du sol, diminuent directement la valeur nutritive du produit récolté et, en dernier ressort, compromettent la santé de l'homme. L'harmonie interne du produit est brisée. L'expérience des cristallisations sensibles le démontre : si on plonge un papier filtre dans une solution préparée à partir d'un extrait de pomme de terre cultivée biologiquement et de nitrate d'argent, apparaît alors une trace ordonnée et harmonieuse ; dans les mêmes conditions d'expérience, si une pomme de terre cultivée chimiquement est utilisée, apparaît sur le papier une tache informe comme s'il manquait une énergie structurante.

Remarquons que le cancer est également caractérisé par un développement de cellules anarchiques. Certaines substances s'y trouvent en excès : eau, nitrates, potasse ; d'autres, précieuses et protectrices, n'y figurent pas en quantité suffisante : vitamines, oligo-éléments. Le lien entre la santé du sol et la santé humaine ne saurait être rompu : de la fertilisation chimique au cancer, il n'y a qu'un pas.

Faut-il rappeler que les nitrates et les nitrites se trouvant dans les engrais azotés de synthèse, parfois surabondants dans les légumes (épinards, salades, carottes...), sont capables de provoquer des cyanoses dues à une méthémoglobinémie anormale chez les nourrissons : le fer charrié par le sang est oxydé et ne fixe plus normalement l'oxygène ; ces nitrates sont transformés en nitrosamines cancérigènes dans le tube digestif. Cette présence de nitrites est retrouvée également dans l'eau des nappes phréatiques, notamment dans les régions très polluées par une agriculture intensive.

Un avis officiel mettait récemment en garde les populations de certains villages de Beauce, zone de monoculture céréalière, contre la consommation de l'eau rendue toxique par les nitrates infiltrés ; une commission s'est penchée sur la question et a conclu judicieusement que le seul moyen d'éviter l'aggravation de la situation serait de ne pas augmenter les doses d'engrais azotés. On estime que les nitrates épandus et non encore infiltrés vont continuer à s'enfoncer dans le sol pour atteindre finalement la nappe phréatique et la polluer durant des dizaines d'années, même si l'on interrompait immédiatement l'utilisation des engrais chimiques, ce qui n'est pas le cas.

A moins de recourir aux techniques de fertilisation naturelle de l'agriculture biologique, l'agrochimiste n'a d'autre ressource que d'accroître constamment les doses d'engrais dont le prix augmente, non pour produire plus, mais simplement pour maintenir un rendement à l'hectare qui est compromis par l'épuisement des sols. Mais mentionner l'existence d'une agriculture non polluante, communément appelée « agriculture biologique », n'est apparemment pas du domaine du possible. On ne remet pas en cause si facilement toute une politique industrielle et financière, et surtout pas celle de l'Institut national de la recherche agronomique (I.N.R.A.). Quoi de plus difficile que de reconnaître la valeur des solutions trouvées par d'autres, lorsqu'on jouit sans partage du monopole de la recherche officielle et des subventions de l'État ?

Les engrais azotés et potassiques appauvrissent les plantes qui sont plus riches en eau, la matière sèche restante étant plus restreinte (10 % d'eau de plus dans les tomates californiennes entre 1960 et 1970). **Le prix d'un fruit ou d'un légume n'a de signification qu'au vu de sa valeur nutritive effective.**

Selon l'I.N.R.A., chaque Français consomme 1,5 kg de produits chimiques par an, ce qui représente des centaines de substances différentes : pesticides, additifs, conservateurs, modificateurs de texture...

2. Les erreurs de notre société

On trouve actuellement de nombreux ouvrages qui décrivent de manière très détaillée tous les traitements subis par les aliments modernes, mais qui proposent rarement des solutions positives ; l'état d'esprit qui s'y livre est souvent plus intéressant que la masse documentaire.

Ces éléments semblent parfois fournis dans le simple but d'inquiéter le lecteur en l'inondant de nomenclatures de pesticides, de colorants dont la liste est aussi illimitée que l'est la capacité de la chimie organique à créer des molécules nouvelles ; ne s'agit-il pas de dérouter encore les individus, incapables de s'y retrouver et **d'agir** ? On ne peut en douter quand ces « orgies » chimiques sont présentées comme des maux regrettables, mais inévitables, sans le recours desquels les famines réapparaîtraient inéluctablement ; on ne peut en douter non plus quand le courant qui tend à élaborer une alimentation la plus saine possible, avec ses développements agricoles, industriels, diététiques, thérapeutiques, commerciaux, est tout simplement passé sous silence, exécuté en quelques lignes, ou attaqué d'une manière démagogique. Il est aussi facile que malhonnête d'amalgamer l'agriculture biologique et l'agriculture médiévale pour autant qu'on croit connaître cette dernière (peu importe ! tout le monde aura compris la signification de cette comparaison puisqu'il a été décidé une fois pour toutes que Moyen Age était synonyme d'arriération).

Que cela irrite ou non, **l'agriculture biologique existe et se consolide tous les jours** : il n'est pas admis qu'elle reconnaisse un ordre et pose des principes éthiques à son action. Nous n'offrons pas la solution toute faite qu'on puisse réfuter, mais nous portons à la connaissance du public l'existence d'autre chose sur le marché : un champ nouveau de choix et de liberté pour le consommateur (1).

Tous les arguments sont bons pour rejeter la validité de l'agriculture biologique. Parmi ceux-ci, il en est un qui est particulièrement mal venu, celui qui prétend qu'elle plongerait l'humanité dans la famine ! Aujourd'hui 450 millions d'hommes souffrent de malnutrition, et ce n'est pas un résultat très probant à mettre à l'actif des techniques de l'agriculture industrielle. On peut objecter, bien sûr, que si les moyens offerts par la chimie étaient utilisés en Afrique, par exemple, les rendements augmenteraient ; or, tout le monde sait que ces moyens sont précisément réservés aux pays riches dont le tissu industriel très dense permet la fabrication et l'utilisation d'engrais, de pesticides et l'entretien de machines perfectionnées.

La « révolution verte » a été un échec radical pour la technocratie internationale ; les agriculteurs asiatiques qui en ont « bénéficié » sont encore plus pauvres qu'auparavant ; les variétés de céréales à haut rendement qui ont été proposées épuisent les sols plus vite, sont plus sensibles au parasitisme et requièrent l'emploi de ces pesticides et engrais qui permettraient de « sauver » le monde.

Inversement, les seules réussites obtenues l'ont été par la mise en action de moyens modestes adaptés à l'économie des paysans qui n'ont pratiquement aucune ressource financière : ces moyens ont été le forage de puits, l'introduction de matériel attelé de faible poids, progrès important sur le travail réalisé à la houe, et non l'utilisation de tracteurs onéreux et difficiles à entretenir et à réparer.

1. Voir, du même auteur : *Votre potager biologique* (même collection, Éditions Dangles).

3. Une alimentation équilibrée

Des produits cultivés biologiquement, non raffinés, non dénaturés par des manipulations chimiques ou thermiques, sont la base d'une alimentation équilibrée : pour celui qui entreprend de transformer son alimentation, cette culture biologique constitue une impérieuse nécessité. Elle joue un rôle réorganisateur du métabolisme et facilite l'installation progressive d'un régime végétarien sans violence ni privations. L'apport nutritif fourni par des produits non carencés, consommés complets, réduit spontanément la ration de viande en même temps que le besoin de mets très sucrés.

Cette mise en place se fait d'abord par le goût. Les attirances se modifient peu à peu, les nourritures carnées sont moins tentantes et on finit par admirer ceux qui se font un devoir d'ingurgiter quotidiennement un « bifteck-semelle » insipide ou quelque côte de porc décongelée flasque et rosâtre ; l'organisme habitué à la viande est en état de manque si on ne la lui fournit pas. Le végétarien a également l'impression de ne pas être nourri si ses repas ne comportent pas de céréales complètes, en particulier le pain complet, pivot d'une alimentation non carnée.

Si un besoin obsessionnel de viande apparaît chez un végétarien, il est préférable pour lui de le satisfaire et d'occuper son mental plus utilement, mais cela signifie à coup sûr que le nouveau régime est mal conçu et que la suppression de celle-ci crée une impression de frustration : le corps et le psychisme ne sont pas forcément prêts à accepter ce que la raison ou la volonté ont pu fixer comme pratique idéale ; en réalité, si le niveau psychologique n'est pas totalement intégré à la décision et souhaite vivre une autre expérience, le corps manifestera d'autres besoins.

4. Une nouvelle politique de la santé

Une compagnie peut assurer votre automobile ; elle ne vous garantit pas d'éviter l'accident que votre maladresse aura provoqué, elle ne peut qu'en limiter les conséquences.

La Sécurité sociale, conquête sociale, inspirée par un idéal de solidarité très louable à l'époque de sa création, s'est convertie très visiblement en élément de régression humaine ; enfoui dans ce cocon, caché derrière cet écran, l'individu oublie totalement que sa santé dépend de lui et de lui seul. Si celle-ci est détruite par une mauvaise hygiène de vie, les milliards dépensés par l'État seront impuissants à la lui rendre ; ces milliards proviennent évidemment des cotisations versées par lui tout au long de sa vie. Cette apparente conquête sociale est en réalité un moyen d'asservissement utilisable par n'importe quel pouvoir, quelle que soit sa couleur, puisqu'il appauvrit constamment chaque individu, en le rendant chaque jour plus dépendant matériellement et psychologiquement de l'État. Et à moins de considérer que la maladie, et les industries qu'elle alimente, constituent une richesse économique en mettant sur le même plan la prospérité des sociétés de pompes funèbres, et la production des automobiles comme indice de haut niveau de vie, cette institution apparaîtra à l'heure actuelle comme l'une des principales sources de l'irresponsabilité individuelle.

Bénéficier gratuitement de la bombe au cobalt, du rein artificiel, du scanner ou de quelque autre fantastique machine de la technique médicale moderne est certes magnifique ; éviter les maux par l'éducation et la prévention semble constituer un objectif beaucoup plus intéressant. Une politique clairvoyante et courageuse le permettrait, mais il est plus aisé de manipuler des masses soumises à l'alcool et aux drogues (légales ou illégales).

Une action de prévention dans le domaine de l'alimentation, une médecine qui ne soit plus orientée uniquement vers l'urgence redresseraient cette situation, mais il faut reconnaître qu'elle se maintient grâce au consensus de l'immense majorité ; les consommateurs ne sont trompés que parce qu'ils le souhaitent eux-mêmes, n'ont pas de volonté profonde de changement et préfèrent la stagnation. L'irresponsabilité et la démission quant à sa propre santé est devenu un droit : celui de revendiquer la démission. Une attitude de lutte et de responsabilité serait favorisée et stimulerait des énergies vitales ; les enfants ont besoin, dans une certaine mesure, d'un milieu protecteur, mais l'adulte doit discerner à quel moment ses moyens de protection deviennent une prison.

Pourquoi la société tout entière devrait-elle prendre en charge médicalement les dépenses liées à l'alcoolisme ? On sait que toutes les maladies sont aggravées par la consommation excessive d'alcool et que les victimes de cette drogue encombrent les hôpitaux ; peut-être une action de réforme des mœurs, de l'éducation, une plus grande attention humaine pourraient enrayer ce fléau à la base au lieu de chercher à maintenir en vie ceux qui n'ont pas voulu vivre et ont parfois empêché les autres de le faire ?

Que cela plaise ou non, personne n'ignore maintenant que la « Sécu » est aux abois. Par un amusant paradoxe, plus la médecine progresse en moyens techniques, plus elle coûte cher à la collectivité, et sa finalité semble être l'absorption de la totalité du revenu national par les dépenses de santé ! **L'individu est maintenu en vie comme consommateur de soins.** Sa mort est une perte sèche pour l'industrie de la maladie ; pourtant, cette médecine industrialisée est iatrogène par son irresponsabilité.

Cette évolution a été exposée de façon définitive par Ivan Illich dans *Némésis médicale*. Nous allons inéluctablement vers un renversement de la tendance, mais faut-il attendre le plus tranquillement possible l'effondrement du système par un effet purement automatique de dégénérescence ? Que deviennent alors l'action humaine et la capacité de l'homme à préparer autre chose, vers d'autres objectifs ? La réponse est un travail de réforme qui propose, sans l'imposer, une issue possible.

Si l'on dressait une statistique des dépenses de santé des familles qui pratiquent l'alimentation saine et les médecines non violentes, on s'apercevrait qu'elles sont bien inférieures aux 3 272 F que la Sécurité sociale a dépensés pour chaque Français en 1979 (*La Documentation française*) : ce sont ceux qui n'utilisent pas cet organisme qui permettent au système de subsister.

L'homme ne vit pas seul ; il aide les autres et reçoit à son tour une aide, mais si des institutions sociales apparemment inspirées par ce principe, conduisent à la ruine générale, mieux vaut les supprimer et en créer d'autres. Il ne faut plus espérer faire payer ceux qui ne le peuvent d'ailleurs plus, mais instituer une autre mentalité qui place l'individu devant son aventure propre ; la tentation du conditionnement est aussi forte pour ceux qui le créent que pour ceux qui le subissent, mais il n'est intéressant pour personne.

Il est frappant qu'aucune force politique ou syndicale n'ose aborder la question de la santé, autrement que dans une perspective de démagogie intégrale, mais la démagogie est évidemment l'activité première de ce type d'organisations, puisqu'il s'agit toujours de prendre ou de conserver un pouvoir. Personne ne veut bien sûr toucher à cette force explosive et désagrégatrice qui détruirait l'image d'une santé abstraite, où l'individu n'est impliqué que comme consommateur, et ferait surgir celle de l'homme seul et sans recours, si ce n'est sa propre conscience face à son inévitable destinée : la mort. Cet homme nouveau sera dangereux, inaccessible au conditionnement et à la manipulation politique, libre, assumant le tragique d'une existence non programmée. L'existence dérange précisément les programmes mais la connaissance de cette réalité permet l'adéquation consciente de l'individu à sa vie.

CHAPITRE III

Changer de mentalité

1. Se nourrir est un choix

La réforme alimentaire doit être entreprise sans tiédeur, sans arrière-pensée, sans considérations du type : « *Après tout, il faut bien mourir de quelque chose...* »

Si l'on ne veut pas s'engager sur une voie de transformation progressive de soi-même dont l'alimentation est le début (et l'un des moyens), il est préférable d'en rester à l'alimentation courante, industrielle. On doit être capable d'effectuer ce changement sans hésitation et sans dégoût, comprendre qu'on choisit et qu'aucun choix n'est neutre. Notre époque fournit des aliments dégradés, mais aussi des moyens de s'informer : l'ignorance n'est plus possible. Et précisément si tout paraît confus et contradictoire, chaque homme doit reconstituer la connaissance pour son propre compte. Et c'est seulement à partir de ce travail individuel que peut naître une nouvelle réalité sociale ou légale.

Bien souvent, spontanément on s'étonne, on se scandalise de voir la dégradation des aliments ; c'est l'expression d'une réalité évidente et la manifestation de l'importance vitale que chacun accorde à sa nourriture ; c'est la prise de conscience que cette nourriture constitue la base de l'existence physique et possède un caractère proprement sacré, relié à des valeurs qui englobent l'ensemble de la vie ; on dit « *gagner son pain* », et non prendre son pain ou avoir son pain ; c'est la preuve d'une notion éthique : a droit à son pain celui qui fournit un service. On peut dire actuellement que la qualité du pain est proportionnelle à la qualité du service rendu par le consommateur ; personne ne saurait donc se plaindre sans avoir considéré la qualité de son propre service.

Les connaissances en matière de nutrition n'interviennent pas dans cette compréhension immédiate et elles n'auront d'intérêt et d'utilité que mises en pratique selon une modalité purement individuelle, le passage à l'acte, qui se concrétise assez rarement ; il est vrai que rien, dans l'éducation, n'a réellement formé les êtres à l'autonomie. Or, qui peut produire cette alimentation que la société refuse de nous fournir sur un plateau ? Et qui compose cette société ? Tout changement dans ce domaine ne peut provenir que des individus à condition qu'ils soient suffisamment « individualisés », et non, comme tel est le cas, moutonniers et égoïstes.

Dans sa recherche individuelle, chacun a besoin des connaissances qui lui sont proposées par les autres, qu'elles soient anciennes ou récentes : ainsi il formera sa compréhension, selon une interprétation qui lui sera propre, bien heureusement ! Et on devrait se réjouir de trouver au moins un domaine dans lequel un choix est possible et dont les applications peuvent être immédiates. Il est certes plus facile de s'indigner et de proclamer que si les aliments sont frelatés, « *la faute en incombe aux multinationales et qu'il vaut mieux commencer par les détruire* » ; cela n'engage rigoureusement à rien et c'est tout l'intérêt de cette attitude.

Ces dénonciations sont indispensables comme point de départ d'une forme d'action plus positive.

La manière dont les choses sont abordées ici vise à fournir un mode de réflexion permettant d'engager le processus de l'évolution personnelle consentie et consciente, de dégager une méthode d'action au sein de la société humaine. L'objectif réside dans l'élévation de l'espèce et de ses buts, par une compréhension de sa nature et par la voie de la personnalisation, base de toutes les formes d'autonomie ; or, cette autonomie s'acquiert dans la solidarité, dans la lutte pour le développement du potentiel de vie.

2. Qu'est-ce que le naturel ?

L'alimentation rationnelle n'existe pas ; en revanche, le Sens ou l'absence de Sens sous-tend nos actes ; on croit suivre son intelligence, mais la réalité est autre : on retrouve le plus souvent des besoins, qui sont le résultat d'une évolution et d'un travail, mais on ne peut alors les définir rationnellement, scientifiquement et définitivement.

De la même manière, on ne peut retrouver le naturel que par l'artifice. Pourquoi dans la société actuelle, le problème du naturel se pose-t-il ? Il n'en était rien avant la civilisation mécanique. Nous possédons maintenant des moyens massifs de transformer la nature, voire de la détruire totalement ; une scission s'est installée entre l'homme et le milieu naturel, et a permis le développement des sciences exactes appliquées aux techniques.

Nous posons cette question nouvelle en des termes contemporains : qu'est-ce que le naturel ? En quoi est-il préférable à ce qui ne l'est pas ? A quels domaines peut-on l'appliquer ?

La notion de naturel pourrait être tout d'abord la recherche de l'image édénique de l'enfance, dont la source est plus profonde que la mémoire et l'anecdotique.

Les excès de la toute-puissance scientifique sur la matière conduisent à la destruction de ce qui vit ; réduire le vivant à des lois trop grossières applicables à la matière inerte est voué à un échec qui incite à rechercher un autre mode d'approche ; la vie est régie par des lois, certes, mais par des lois plus subtiles. Le domaine de la vie ne peut être manipulé : l'affirmer, c'est reconnaître à l'homme un attribut fondamental de liberté.

3. Le choix alimentaire

Le modèle alimentaire courant tend à devenir uniforme sur l'ensemble des pays industriels (les coutumes laissant place à la standardisation), et se trouve supporté et véhiculé puissamment par les médias. On propose avant toute chose la consommation d'un **confor-**

misme constituant la pâture de base de la masse largement entretenue dans cet état de dépendance par la saturation audiovisuelle. L'individu n'a plus l'autonomie nécessaire pour porter un jugement, décider de son existence et même de son alimentation.

Un régime végétarien qui ne donne pas satisfaction sur le plan de la santé et du bien-être est mal conçu ; ce n'est pas le projet de réforme alimentaire lui-même qui en est la cause, mais plutôt sa mise en œuvre, son inadaptation à l'être concerné.

a) Une alimentation individualisée

Il n'existe pas de régime parfait ; le meilleur est celui qui procure la satisfaction : on fait le point sur sa santé, on envisage son propre état d'une manière réaliste sans attendre des résultats immédiats, tout processus alimentaire ayant un effet à long terme ; un régime particulier, appliqué suffisamment longtemps, ne saurait se traduire par une perte de vitalité ou des signes de vieillissement anormaux. Si des indices de carences apparaissent, il importe de savoir les reconnaître et en tirer les conséquences ; le régime en question n'est pas adapté, mal compris, ou ne correspond pas aux possibilités de l'individu, à son activité, au climat de sa région. Celui qui entreprend une réforme alimentaire connaît souvent un état de carence en même temps que de surcharge ; il faut donc à la fois **éliminer** et **nourrir**.

Dans la plupart des cas, on est en présence d'une surcharge en graisse, résultat d'une nourriture trop riche en corps gras saturés ; la surcharge azotée se manifeste aussi par des dépôts d'acide urique. Par ailleurs, peuvent apparaître des carences en vitamines et en sels minéraux, cause d'une alimentation mal conçue, trop monotone, ne comportant pas suffisamment d'aliments vivants. L'assimilation est encore rendue impossible par l'alcool qui détruit la vitamine B ; des troubles digestifs graves apparaissent en présence d'alcool.

b) Une adaptation permanente

Le danger est de s'enthousiasmer pour des systèmes alimentaires rigoristes, dangereux ou trop rebutants, et qui sont alors rapidement abandonnés pour laisser place aux habitudes anciennes, sans qu'aucun élément nouveau ne puisse être intégré ; le juste milieu est celui de la **correction permanente** qui surmonte les échecs apparents et ne s'installe pas dans les réussites.

Rien n'est jamais acquis dans le domaine de la vie en général, excepté le devoir de toujours tout recommencer inlassablement ainsi que le conseille l'expérience. Le progrès décisif est l'atteinte de cet état d'esprit qui permet de voir constamment toute chose d'un œil neuf. La maladie, c'est la rétention ; la non-vie, c'est reconduire ce qui est passé.

4. L'individualisation des régimes alimentaires

L'établissement d'un régime individualisé suppose la prise en compte du tempérament. Il est vrai que chaque personne se portera vers des aliments lui convenant, à condition d'avoir retrouvé une certaine connaissance de soi ; on envisagera une alimentation adaptée selon les différents types : sanguin, nerveux, bilieux, lymphatique, qui n'ont pas les mêmes besoins et les mêmes risques pathologiques.

Il ne faudra pas négliger la capacité digestive, la faculté d'adaptation et d'assimilation, l'état physique et psychique de l'individu qui décide d'adopter une alimentation naturelle.

L'adaptabilité est très variable suivant l'âge. On cherchera à améliorer lentement ce qui existe plutôt qu'à le bouleverser.

Chaque individu porte des éléments de faiblesse au niveau psychique qui perturbent une organisation alimentaire bénéfique : consommation excessive, gourmandise, recours à l'alcool, besoin d'excitants, etc.

La conscience même de la difficulté révèle qu'elle comporte une solution. Chacun se heurte à des difficultés particulières, mais possède également des possibilités spécifiques pour les surmonter.

5. Personnalisez votre régime alimentaire

Le régime végétarien permet une autre sensibilité, plus fine : les aliments rendus insipides par le raffinage ou artificiellement concentrés, sont de moins en moins recherchés, ou franchement rejetés par le goût ; ainsi le sucre ou le chocolat ne sont plus appréciés ; l'organisme, nourri d'aliments naturels, les ressent spontanément comme inadaptés à la vie et antiphysiologiques.

Les médications allopathiques modernes sont également vécues comme des agressions et abandonnées au profit de substances plus douces : plantes, homéopathie. Édifier et maintenir sa santé grâce à l'alimentation naturelle est incompatible avec l'absorption de médicaments à effet violent proposés par la pharmacopée moderne, à moins de cas graves. Ceux-ci perturbent l'assimilation des aliments, ainsi que la conscience qu'a l'individu de son propre organisme.

Dire que la personnalisation se traduit par un mode alimentaire original est d'autant plus nécessaire que le danger d'une massification générale du mode de vie, lié à la réalisation d'objectifs purement économiques ou financiers, est réel. Certaines erreurs sont amplifiées par la possibilité de diffusion à grande échelle de produits relevant surtout d'une mode ou de la nécessité d'écouler un certain type de marchandise. Ces campagnes peuvent aussi aller dans le sens d'un progrès réel.

Il est clair que l'évolution constatée ne peut être qualifiée de progressive à moins d'employer le mot « progrès » dans le sens d'un « écoulement bénéfique du temps ». Cette notion de progrès est en fait peu utile, c'est une production idéologique récente, purement intellectuelle, un élément de confusion ; elle traduit mal cet ajustement incessant de l'humain pour survivre : on y voit plutôt un mouvement automatique vers un idéal indéfini accompagné d'un rêve illusoire de modification de l'espèce humaine. Cependant, il est vrai que chacun souhaite le meilleur pour demain, un pas en avant de l'humanité.

Prétendre qu'empoisonner les sources de la vie serait « la rançon du progrès », c'est faire justice de cette notion qui, visiblement, a vécu ; en réalité, si on perd totalement le sens des valeurs humaines, c'est-à-dire de sa recherche d'élévation constante, les dégradations dépassent largement les gains. Ainsi, la perte d'une certaine qualité de vie serait le prix à payer en échange d'une plus grande abondance de produit brut, mais lequel ? Toute la question est là ; l'abondance est effectivement bonne en soi ; la nature nous en donne l'exemple, elle qui est généreuse, et fournit le modèle de la profusion et du don. Si cette prétendue abondance conduit la planète à sa ruine et l'espèce humaine à la dégénérescence, que vaut une telle orientation ? C'est abandonner le terrain à des forces aveugles et destructrices. On ne saurait non plus se replier dans un isolationnisme illusoire puisque l'Amazonien habitant la forêt la plus reculée n'est plus seul et subit de plein fouet la mondialisation ; la nostalgie d'un ordre passé est une attitude de retrait et de peur.

6. Les dangers du progrès technique

a) La définition du vrai progrès

Il convient d'apprécier le progrès technique dans son apport de possibilité réelle de culture ; l'économie de marché, au sens large, est un moteur pour la création et l'invention ; mais quel est le sens du mot « progrès » ? On peut parler dans certains cas d'un développement « sauvage » (ou plus exactement « barbare ») de l'urbanisme ou de l'industrie. Une entreprise industrielle qui détruit un cours d'eau en quelques années pour inonder le marché de quelque gadget inesthétique destiné à encombrer rapidement une décharge, est une calamité publique et humaine. Si l'on veut considérer un progrès comme une avance consciente et non une course folle vers un effondrement général, la recherche de qualité et l'entretien des richesses naturelles et du potentiel humain sont absolument vitaux.

Ce critère de non-pollution des sols, de l'atmosphère, des eaux de surface aussi bien que souterraines, devrait être absolu parce que là est le progrès. Aucune voie irréversible n'oblige à proposer des aliments de mauvaise qualité en surconsommant de l'énergie pour leur production, en dilapidant la fertilité des sols et en détruisant la santé des hommes.

b) La science sans conscience

On remarquera, à ce propos, que très curieusement les scientifiques se déclarent irresponsables de leurs découvertes et des applications qu'elles demandent. Dans ces conditions, quelle est cette science qui avoue ne pas savoir où elle va ? Mais il est connu que la science est soumise aux hommes mêlés à la politique et aux affaires ; les scientifiques en ont-ils les mains blanches pour autant, eux qui sont les nouveaux prêtres de notre système idéologique contemporain ? On est pur parce qu'on fait de la science « pure » ; la tête fonctionne toute seule, le cœur n'a rien à voir dans cette affaire.

Le milieu scientifique se disculpe des monstres qu'il engendre par une argumentation contradictoire : les chercheurs se plaignent à la fois d'être soumis à des puissances politiques et financières, principalement pour déplorer l'insuffisance des crédits qui leur sont alloués, mais posent comme un dogme infaillible un développement quasi autonome de la science, comme une entité détachée de tout support (1) : là précisément réside tout le danger. Dire alors avec Montaigne que « *science sans conscience n'est que ruine de l'âme* » n'est certes pas un poncif mais l'expression claire de cette orientation décidée à détacher l'intelligence de l'intériorité totale de l'être.

La connaissance est portée par l'homme tel qu'il est, certes, mais il importe que les « savants » soient conscients de cette totalité personnelle reliée à l'ensemble des hommes et du milieu naturel qui constitue leur champ d'action et d'existence.

1. Sur ces questions, en ce qui concerne l'efficacité des méthodes de travail scientifique, voir l'ouvrage de Rémy Chauvin : *A quoi servent les savants ?* et l'article de Sabine Chalvon : *Comment se fabrique la science* ? (*Le Monde* du 25.10.81.)

CHAPITRE IV

Les facteurs mentaux et physiologiques

1. Pour faire moins d'erreurs

S'alimenter est un acte quotidien. L'alimentation est la base de la vie organique, base que nous pouvons déterminer nous-même, en connaissance de cause. Mais exerçons-nous réellement un choix dans la manière de nous nourrir ? Ne subissons-nous pas tout simplement des habitudes, reçues d'abord, adoptées ensuite et jamais remises en question, des modes, des publicités envahissantes ?

N'avons-nous pas conscience plus ou moins clairement que l'alimentation moderne se caractérise à la fois par une **abondance excessive** et une extrême **médiocrité de la qualité** ? Grâce à diverses campagnes, les consommateurs ont obtenu quelques améliorations dans ce domaine, mais le champ d'action reste encore large.

Par ailleurs, dans la composition même de notre ration alimentaire et de celle de nos enfants, de **graves erreurs d'équilibre** sont dénoncées par la recherche diététique officielle dans la plupart des pays industriels. Ces erreurs considérables et répétées sont mises en parallèle avec le développement des maladies dites de « civilisation » : obésité, diabète, maladies cardio-vasculaires et nerveuses. En effet, bien souvent c'est la maladie qui nous indique la médiocrité de notre diététique dont l'alimentation mal conçue est la cause ; remarquons que diététique vient de « *dieta* » qui signifie « genre de vie » ; toute représentation étriquée se trouve ainsi écartée ; nous souffrons à la fois d'excès et de manque compromettant notre santé ; nous comprenons l'intérêt de construire la santé de nos enfants par le moyen simple d'une alimentation saine et bien comprise.

L'alimentation moderne tend à nier ses bases, humbles certes, c'est-à-dire proches de la terre. La nourriture est directement liée à la terre, à la façon dont on la ressent ; l'humilité est ce qui manque essentiellement à l'homme moderne : il ne se considère pas dépendant de la nature ; le saccage des sols, la falsification de l'aliment sacré comme la terre, trouvent leur cause directe dans l'orgueil de l'homme oublieux de sa solidarité effective à l'environnement cosmique qui le nourrit. Dans un mouvement d'inconscience et d'ingratitude monstrueux, l'être humain pollue, détruit, et dénature ce que la terre nourricière lui offre.

2. Nourriture du corps et nourriture de l'âme

Chaque niveau de l'être a besoin d'une nourriture spécifique : l'esprit, de liberté, l'âme, de sentiments et de beauté, l'intelligence, de connaissance et de compréhension, le corps, d'une nourriture cosmique, tellurique, d'air. Nous sommes passés des niveaux les plus subtils aux plus tangibles.

a) L'instinct

Si l'homme suivait simplement ses instincts, il ne serait pas humain ; passés les premiers instants de la vie, au cours desquels le nouveau-né cherche le sein de sa mère, l'instinct de survie toujours présent est pétri, cultivé, façonné ; qu'est devenu alors cet instinct ? Quand un homme sacrifie sa propre survie corporelle, sciemment, pour permettre celle d'autres hommes, c'est pour que survive ce qui est proprement humain ; sinon il s'agirait d'un instinct supérieur qui se serait enrichi d'autres choses relevant d'autres niveaux : amour, compréhension. Lorsqu'on parle d'instinct, on pense à quelque chose de brutal, d'animal. L'animal peut aussi démontrer des comportements qui ne sont pas de la survie alimentaire immédiate. L'homme se réfère à ses intincts pour défendre une production complexe de son psychisme comme l'assouvissement de besoins organiques certes, mais surtout comme manifestation réellement humaine, la peur fondamentale de manquer, profondément implantée dans le mental.

b) Une démarche plus humaine

A cet égard, le choix du végétarisme marque bien une démarche humaine laissant apparaître autre chose que l'instinct brutal : c'est souvent l'amour des animaux ou le respect de la vie animale qui conduisent au végétarisme ; ces sentiments ne sont ni méprisables, ni dérisoires, ils méritent d'être entretenus et cultivés, mais cette délicatesse envers des créatures que l'intelligence humaine tient à sa merci ne confère pas cependant l'innocence, l'homme ne vivant en aucun cas dans cette innocence, même « *s'il ne ferait pas de mal à une mouche* ». L'innocence, pour l'individu sorti de la petite enfance, peut être établie comme un idéal qui sera atteint dans la vieillesse ; cette innocence conquise ne pourrait évidemment reposer sur l'ignorance ou l'illusion, mais sur une sagesse capable de contempler la réalité dans toute sa cruauté. Celui qui ne consomme pas de viande n'est pas plus innocent de tout le sang versé par les autres, mais il prend à cœur de limiter, pour son propre compte, cet aspect médiocre de l'activité humaine. En effet, ne porte-t-il pas des chaussures ou des vêtements de cuir, voire des fourrures confectionnées avec des peaux d'animaux ?

c) L'instinct de survie

Ces considérations prouvent qu'un certain type de raisonnement n'aboutit pas dès lors qu'il s'agit du comportement humain et des conditions de sa survie. Il est vrai que toute vie, non seulement animale mais humaine, ne peut se perpétuer que par une certaine destruction. L'animal ne se pose pas cette question, encore que les phénomènes d'autolimitation des animaux d'une même espèce en péril, à cause de leur prolifération excessive, soient bien connus. L'animal survit en dévorant, si telle est sa nature. L'homme, quant à lui, s'interroge quelquefois quand il lui faut répandre le sang animal, particulièrement s'il s'agit de ces mammifères à sang chaud auxquels il s'apparente effectivement ; il éprouve alors une sensation de répugnance ou un sentiment de culpabilité. La difficulté pour lui de parvenir à des solutions dans ce domaine est évidente ; il participe à cette destruction et à cette construction incessantes de la vie mais ne peut établir de lois dans la nature ou appliquer les siennes propres.

On peut considérer que « *l'homme est un loup pour l'homme* », que le spectacle de la société humaine aussi bien que l'étude des mœurs des requins tendent à le prouver. Or, cette loi carnassière n'est dans ce cas qu'une pauvre justification d'un mode de relation purement égoïste et égocentrique, c'est-à-dire une capacité de communication et d'échanges extrêmement réduite.

Si l'homme cherche une loi « naturelle » ou « artificielle », il ne la trouve pas toute faite ; elle sera toujours la création de son propre esprit ; on pourrait dire que cette loi est reconnue en lui ; elle devient donc constamment conforme à ce qu'il devient lui-même, elle n'est pas figée. Nous retrouvons là ce qui a été dit précédemment : la réforme alimentaire correspond à la possibilité d'évoluer, de sentir plus profondément, dans des sphères nouvelles, inconnues jusqu'alors. Cette démarche revient à accepter de devenir ce que, sans nul doute, nous deviendrons, mais dans une conscience affinée.

3. L'homme et la nature

La question de la nourriture humaine ne peut être envisagée que sous des angles multiples (personnel, collectif, économique, moral, spirituel), puisque l'individu est engagé tout entier dans l'acte nutritif qui est un besoin premier. De plus, les habitants des pays industrialisés disposent de possibilités de choix considérables dont les conséquences s'étendent au monde entier, notamment l'appauvrissement du tiers monde par la surconsommation carnée que nous connaissons.

L'alimentation est un moyen constant sur sa propre santé et soi-même. La réforme alimentaire personnelle marque souvent un tournant dans la vie par l'acte qu'elle représente et la preuve qu'elle offre de l'action quotidienne sur son existence ; ce changement n'est pas anodin ; il est une entreprise riche en conséquences et, pour cette raison, peu de gens s'y engagent.

Réformer et repenser son alimentation, c'est accepter pleinement sa condition humaine. Le matérialisme déclaré ou diffus réduit l'homme à sa physiologie ; on devrait accorder en toute logique une grande attention pratique au bon fonctionnement de son corps. Or, en général, on le méprise, le maltraite, par une recherche du plaisir immédiat et le plus souvent par pur intellectualisme : l'intelligence dresse l'image d'une liberté abstraite face aux contraintes du quotidien ; la construction intellectuelle sert d'écran entre la conscience et la réalité. Le mobile caché est l'orgueil profond de l'homme contemporain qui se croit maître de toute chose. Si puissantes que soient ses créations techniques, l'homme a besoin de chaque grain de poussière, de chaque brin d'herbe, de chaque insecte ; rien n'empêchera qu'il soit intégralement solidaire de la nature. Le propos écologique tend à considérer l'ensemble évolutif terre-humanité.

Parler « d'environnement » est révélateur et marque cette scission : l'homme n'est plus dans le sein de la nature. Cette démarche est en fait inhérente à l'homme ; elle est le signe de son individualisation, de la distance qu'il doit prendre pour évoluer, mais le chemin d'une réintégration dans l'ensemble des éléments cosmiques dont il dépend doit être entrepris. Sa libération viendra de la connaissance de sa dépendance, et de son acceptation de cet état. Et curieusement, les personnes se réclamant de la spiritualité, offrent souvent une attitude tout aussi méprisante envers la nature et tout aussi coupée. Il est constant qu'on se dérobe à cette solidarité inévitable de l'homme avec la nature : que peut signifier cette religion non reliée au cosmos ?

4. Changer de vie en changeant de nourriture

Un mode alimentaire librement choisi est un **levier** permettant à l'individu de mettre en œuvre sa volonté et de prendre possession d'autres aspects de sa vie. La question est apparemment largement débordée par des considérations de tout ordre ; s'il s'agissait de décrire ce que deviennent les glucides dans l'estomac, le cadre serait l'estomac et ce ne serait pas aussi simple qu'il y paraît ; le professeur Trémolières écrit : « *Notre tube digestif devient ainsi une sorte de témoin de la bonne harmonie de tous nos systèmes et le bon sens dit juste en parlant de bonnes et de mauvaises humeurs. Parmi nos systèmes végétatifs, c'est le seul auquel nous soyons constamment sensibles.* »

Notre nourriture est le résultat d'une infinité de facteurs : elle est reliée aussi bien à une manière d'être individuelle, à une morphologie spécifique qu'à un environnement extérieur agricole, industriel et social qu'on peut se contenter de subir ou bien tenter de modifier par son action. Grâce à une attitude agissante, cet « extérieur » ne l'est plus réellement, il n'est plus subi puisque nous le modelons.

Toute difficulté physiologique, depuis les troubles les plus légers jusqu'aux maladies chroniques ou aiguës, indépendamment d'actions médicales spécifiques indispensables, demande des mesures alimentaires et s'en trouve toujours améliorée.

Les troubles légers peuvent trouver leur solution dans une meilleure gestion nutritionnelle. Les troubles les plus graves, dans les périodes de crise, exigent des actes médicaux qui n'excluent pas, bien au contraire, la **réforme alimentaire assurant des bases d'assainissement, d'entretien et de reconstruction indispensables à toute guérison véritable.**

Une réforme alimentaire doit être entreprise avec enthousiasme : s'imposer des devoirs dans un esprit de contrariété, de désagrément n'entraînerait que contradiction et perte d'énergie. L'effort est évidemment nécessaire pour créer une nouvelle manière de faire, mais il doit pouvoir se déployer sans l'obstacle que présente très souvent une volonté cachée d'échec ; dans ce cas, il faut agir sur tous les plans, particulièrement sur le plan psychologique. L'évolution n'est possible que dans cet effort s'appliquant à tous les niveaux.

Une alimentation bien conçue n'est pas une gêne ou une limitation, elle soutient l'individu dans son développement ; c'est dans cette perspective que certaines écoles philosophiques ou religieuses préconisaient, pour ceux qui voulaient suivre leurs enseignements, des règles alimentaires reposant sur le fait qu'une nourriture inadaptée constitue une entrave au progrès spirituel ou simplement philosophique.

5. La réforme alimentaire : une attitude personnelle

Il n'existe pas de réforme toute faite, mais des éléments de connaissance permettant de s'orienter et de rompre un cercle vicieux ; il est réellement impossible d'être normatif, et c'est heureux parce que si une norme était établie, elle fonderait la possibilité d'un conditionnement absolu.

a) Au-delà des normes figées

Le travail de chacun doit aboutir à une situation de connaissance personnelle qui rejette les positions extrêmes : celles qui consisteraient à fournir une réponse toute faite qu'on ne parvient pas à appliquer à soi-même ; c'est généralement le cas des systèmes d'alimentation végétarienne présentés comme des absolus qui tentent les personnes souhaitant s'enfermer dans des vérités définitives ; ces systèmes prétendent résoudre *tous* les problèmes de la vie, ce qui fait leur attrait ; nous pensons que leur principe actif essentiel réside dans le déconditionnement individuel qu'il offre.

Une autre position extrême consiste à considérer que chaque individu possède sa norme personnelle et trouve automatiquement le mode de vie qui lui convient ; mais ce serait abolir la possibilité d'une évolution individuelle et collective ; individus et collectivité ne sont jamais figés complètement ; il serait aussi illusoire de penser qu'on ne peut intervenir dans la transformation des choses : nous le faisons, en fait, en tous domaines. Considérons qu'un fait social et coutumier est le résultat d'un ensemble de forces agissant dans des directions différentes.

Ces éléments sont l'atavisme, facteur très puissant ; cependant un individu placé dans un milieu ou une contrée qui lui sont étrangers, réussit en général à s'adapter à des conditions totalement différentes. Personne n'est donc complètement prisonnier d'un milieu familial ou social.

Certaines habitudes auxquelles on ne saurait se soustraire peuvent être appréciées objectivement. Ainsi, ceux qui vivent dans certaines régions où l'alcoolisme est une véritable institution, n'ont plus une appréciation réelle de ce contexte social, et le perpétuent ; la vue des tares physiques n'est pas suffisante ; d'autres valeurs ont besoin d'être introduites. Il faut que le nouvel objectif proposé soit assez fort, l'image nouvelle assez attrayante, et non pas facile à accepter. Par exemple, l'harmonie personnelle peut s'appuyer sur le fait que les hommes et les femmes travaillant aussi bien dans les champs que dans les industries ne veulent plus déformer ou détruire prématurément leur corps. Nous avons évoqué l'alcoolisme non comme fuite individuelle, mais comme habitude sociale, comme nouvelle réalité créée à un moment donné. Cette réalité est également réversible : le renouvellement est toujours possible.

D'une manière générale, les hommes et les sociétés sont toujours capables de se régénérer, ce qui justifie toute action de réforme faisant appel au fond humain. Cette possibilité de renouveau fonde, dans le règne naturel, la réalité de la vision écologique. La nature a effectivement des capacités de régénération importantes, même si elle paraît très atteinte ; l'homme lui-même peut y contribuer et pas seulement par son absence mais par une activité orientée vers cet objectif.

b) La nécessité d'évoluer

La nature a besoin des hommes. Le moteur d'action à imposer est celui de la capacité d'évolution individuelle et collective, le seul danger pour l'homme étant une vue figée de son existence. « *Surtout, ne bougeons plus* », « *continuons comme on a commencé, on ne peut rien changer* ». On ne peut pas revenir en arrière, mais tout évolue, l'individu aussi bien que le corps social ; la nature elle-même, marquée par l'empreinte humaine, n'y échappe pas.

Il n'existe pas de définition d'une norme sociale possible dans le domaine du vivant, mais une orientation globale de l'individu qui est le domaine de sa liberté. Cette liberté est nourrie de l'expérience propre et de celle des autres. L'évolution des mœurs alimentaires dans les pays industriels, compte tenu d'un système d'échanges matériel et intellectuel effectivement mondialisé, et anéantissant les traditions régionales ou nationales, comporte en premier lieu l'échange d'informations provenant du monde entier.

On dit parfois que chaque village s'est élargi au monde entier, mais il est vrai que chaque village retrouvera son identité propre grâce à l'importance pour chacun de découvrir des racines dans une culture particulière et un environnement naturel spécifique ; la pratique dépendra autant de ce qu'on pourra savoir de l'économie du grand-père que de celle des habitants des îles du Pacifique. Ces données sont intégrées dans une situation concrète entièrement neuve, et aussi éloignée qu'il est possible de le concevoir de celle du pasteur himalayen ; mais savoir que les Hounzas subsistent à l'aide d'abricots secs et de céréales, sera peut-être une connaissance de la plus haute utilité dans la période de désorganisation profonde qui nous guette.

Il est très difficile de contrecarrer des opinions dès lors qu'on vit dans leur sens ; celui qui consomme un litre d'eau-de-vie par jour et déclare s'en trouver très bien, ne peut être convaincu de l'inverse dans la mesure où l'écran formé par l'alcool est nécessaire pour le protéger d'une réalité qu'il ne peut affronter.

Chacun doit finalement prendre confiance dans ses propres possibilités de développement qui reposent toujours sur des choix constants, inlassablement réadaptés. L'organisation d'une règle individuelle est une invention constante ; la limite extrême de la particularité peut être l'ascèse, qui représente un excès par rapport à la norme collective, mais cet excès est vital dans l'évolution individuelle et permet de passer d'un état à un autre ; l'ascèse, simple exercice de déconditionnement, ne se confond pas avec des formes de mortification morbides qui en sont la caricature.

6. L'alimentation, facteur d'équilibre

a) La nutrition du système nerveux est essentielle

Elle est fréquemment compromise par l'alimentation dévitalisée moderne, pauvre en végétaux, en céréales complètes, en fruits oléagineux riches en minéraux et vitamines ; le système nerveux est souvent asphyxié par un sang qui apporte au cerveau et au cervelet, ainsi qu'à tous les relais que constituent les ganglions nerveux, un afflux de toxines, de déchets, de substances chimiques provenant des médicaments.

A l'état de repos et à jeun, on évalue la dépense liée à l'activité du cerveau au cinquième de l'énergie totale destinée à entretenir le métabolisme de l'ensemble du corps. On mesure toute l'importance de cette fonction. La vie consciente et volontaire dépend du cerveau ; le cervelet est le distributeur d'énergie à tous les organes involontaires (cœur, estomac, intestin...), qui ne fonctionneront convenablement que si elle parvient avec suffisamment de puissance. Une bonne nutrition du système nerveux implique en premier lieu qu'on ne l'intoxique pas par une nourriture nocive ou par les effets d'une sédentarité excessive.

L'extraordinaire capacité de régulation de l'organisme atténue toutes les causes de perturbations : émotions, blessures physiques ou morales, oxygénation insuffisante, apport nutritionnel inadapté, par une circulation intense du sang et de la lymphe qui charrient dans l'organisme tout entier des métabolites qui se modifient, se fixent, se transforment, s'éliminent au cours d'échanges ioniques incessants. Le pH sanguin, intracellulaire, urinaire, et l'équilibre minéral en phosphore, sodium, calcium des humeurs sont rapidement ramenés au taux normal par une modification immédiate des réactions chimiques et des échanges.

Nous sommes physiologiquement différents d'une seconde à l'autre. L'organisme fournit une réponse immédiate à une situation de déséquilibre provenant de l'extérieur ; autrement dit, aux désordres apportés par le milieu extérieur (stress, carences, toxicité, fatigue, virus, etc.), l'organisme peut répondre, **dans certaines limites,** par une adaptation immédiate à la situation nouvelle, en recréant un ordre intérieur permettant sa survie au niveau maximum en fonction des possibilités du moment. Les substances sont reliées entre elles, ce qui signifie que l'organisme est capable d'amortir toute agression, mais aussi qu'il s'en ressent dans sa totalité. Le même phénomène se produira également pour un massage local ou une friction aux huiles essentielles qui agiront sur tout l'organisme et, à plus forte raison, pour un médicament ou des nutriments.

Ces mécanismes de régulation nutritionnelle sont mis en évidence par une certaine réversibilité des trois catégories d'aliments, grâce à des intermédiaires communs : les acides aminés et les lipides peuvent se transformer en glucose en cas d'hypoglycémie, les sucres et les acides aminés en lipides si les quantités consommées dépassent les besoins énergétiques ; les sucres sont également susceptibles de se transformer en acides aminés. Mais ce qui constitue une réponse urgente à l'organisme ne doit pas nous conduire à considérer qu'il peut faire face à n'importe quelle situation. Une carence habituelle, un mode alimentaire constamment inadéquat et dénaturé dépassent évidemment les possibilités physiologiques ; s'il n'en était pas ainsi, on ne pourrait jamais déterminer ce qui est favorable ou nuisible à la vie ; il s'agit ici de l'élément physique, soumis aux lois de l'ensemble naturel environnant, l'autre élément étant la liberté de l'esprit non conditionné. L'être humain est caractérisé par l'association et la tension de ces deux éléments.

b) Les carences nutritionnelles

L'organisme assure donc toujours ses fonctions essentielles ; si le calcium vient à lui manquer pour ses fonctions vitales (contraction cardiaque en particulier), le squelette et la dentition le lui fourniront ; le calcium est lui-même rendu utilisable grâce à la vitamine D. On sait que des carences prolongées en vitamines conduisent à des troubles précis : béribéri, pellagre, scorbut, mais de telles manifestations ne sont pas toujours aussi visibles.

L'abondance et la diversité des produits que nous utilisons rendent apparemment improbables les carences, et pourtant elles existent. Ainsi la vitamine K normalement synthétisée par la flore bactérienne sera mal absorbée par l'intestin si le foie fonctionne mal. Ces carences peuvent se produire par un mécanisme à effet réciproque ; un nutriment déficient, c'est-à-dire qui ne comporte pas la qualité biologique voulue, trouble l'assimilation de tous les autres ; le fonctionnement digestif est en même temps perturbé et compromet à son tour l'utilisation des autres nutriments : la synthèse des sucs digestifs eux-mêmes est étroitement dépendante des protéines, des vitamines et des sels minéraux fournis par le régime. Si la vitamine B_1 fait défaut, l'appétit sera insuffisant et la nutrition compromise dans sa totalité ; la carence en vitamine PP entraîne la diarrhée compromettant ainsi toute assimilation.

Les besoins en vitamines et en sels minéraux, leur utilisation sont dépendants de leur qualité et de leur quantité, de la manière dont seront combinés les protides, les glucides et les lipides utilisés.

Les besoins en vitamine E sont accrus par la consommation des lipides. La vitamine E protège la vitamine A et les carotènes au niveau cellulaire.

Un aliment carencé et dénaturé par un mode de culture antibiologique (engrais chimiques, pesticides), par des transformations industrielles (stérilisation, additifs), n'entraîne pas seulement une carence, mais provoque une réaction en chaîne dans le domaine des manques ; l'assimilation d'un nutriment permet l'utilisation des autres et réciproquement. Si les fonctions digestives sont constamment perturbées par des aliments frelatés, l'assimilation est globalement diminuée ; l'organisme tout entier est placé dans une situation de souffrance physiologique qui l'oblige à des rééquilibres de plus en plus acrobatiques et difficiles, conduisant inéluctablement à de mauvais fonctionnements profonds et parfois irrémédiables (1).

1. Voir, à ce sujet, les deux ouvrages du docteur Claude Binet : *Vitamines et vitaminothérapie* et *Oligo-éléments et oligothérapie* (Éditions Dangles).

DEUXIEME PARTIE

La voie du végétarisme. La transition

CHAPITRE V

Définition du végétarisme

1. Un système alimentaire sans viande

Essayons de cerner ce que recouvre le mot « végétarien » : de l'origine même du terme (« *vegetarus* » : sain, robuste), se dégage une représentation caractérisée par la **santé**, la **force**, la **robustesse** ; c'est l'image du végétal qui croît irrésistiblement, symbole de la vie : la plante représente bien cette vigueur, cette croissance rapide et visible ; le brin d'herbe qui perce le sol, la fleur qui jaillit du bourgeon sont l'expression sensible de la force vitale.

Le végétarisme évoque à juste titre un système alimentaire sans viande comme si ce produit effectivement mort ou issu de la mort animale ne pouvait apporter la vie. La définition d'une alimentation saine ne se réduit pas à l'exclusion des produits carnés : ce serait une acception restrictive. Une vue plus positive consiste à élaborer une base alimentaire ne reposant pas sur l'aliment carné dont l'exclusion ne suffit évidemment pas à assurer une santé optimale ; l'inverse peut être vérifié dans les régimes végétariens ou végétaliens mal conçus.

Mais il est nécessaire d'examiner de plus près ce qu'on peut attendre de la viande **sur un plan strictement nutritionnel**. Par un renversement des idées et des pratiques, l'aliment carné est finalement considéré par une majorité comme l'aliment de base, le producteur d'énergie par excellence. Jusqu'au XIXe siècle, la viande était peu consommée en Europe, et l'alimentation reposait principalement sur le pain complet dont les paysans consommaient environ 700 g par jour ; les classes plus aisées se nourrissaient d'un pain de luxe plutôt blanc et consommaient de la viande ; c'est ce type d'alimentation qui prévaut actuellement, mais d'une qualité très inférieure.

Le végétarisme moderne ne tend pas à reconstituer la nourriture des laboureurs des siècles passés, mais à établir, face à une consommation de masse qui impose la médiocrité qualitative par la manipulation, une base différente reposant sur un choix conscient, respectant la diversité ; cet objectif peut être atteint : la variété des productions, les moyens de transport, les recherches en diététique et en botanique, les connaissances ethnologiques le permettent. Ce n'est pas un appauvrissement ou une réduction qui est proposé, mais un bon usage des ressources.

Le développement des transports et leur rapidité peuvent être mis au service des hommes ou utilisés d'une façon absurde qui accélère le gaspillage des ressources : faire voyager depuis l'hémisphère Sud jusqu'en Europe des pommes au printemps et des fraises en hiver, n'est-il pas un luxe bien inutile et scandaleux ? En revanche, pourquoi ne pas recourir pleinement aux ressources locales mal employées ou abandonnées, telles que les céréales mal connues et souvent introuvables malgré une apparente profusion de produits ?

Il faut probablement reconnaître dans la vogue dont jouit la viande, alors que notre survie ne dépend pas de la chasse, l'idée archaïque qu'en mangeant de sa chair, on s'approprie la force du bœuf qui, pour sa part, l'a tirée des végétaux presque en totalité (sans omettre d'ailleurs les larves et les insectes que le ruminant a absorbés en même temps que l'herbe du pâturage). Le chasseur primitif, tout en se nourrissant de la chair de l'animal, espère sans doute bénéficier de sa force, de sa souplesse ou de son courage, ce qui signifie qu'il lui accorde une existence et une liberté ; le sort de l'animal est lié à celui de l'homme ; tous deux sont engagés dans une action commune pleine de péripéties et de dangers. La chasse s'intègre dans un jeu vital où l'animal est sacrifié, mais respecté.

Nous sommes loin du tableau repoussant offert par les **élevages concentrationnaires** des pays industriels : l'entassement ignoble des chevaux dans des wagons et, au bout du voyage, l'abattage à la chaîne. Nous avons tous devant les yeux ces élevages modernes où sont entassés 4 poulets dans une cage de 40 cm, de sorte qu'ils ne peuvent absolument pas bouger ; griffes et becs ont été coupés pour éviter que les animaux, rendus agressifs, ne se mutilent entre eux. Voilà le beau résultat des efforts conjugués de la rationalité économique et de la recherche zootechnique ; le « boycottage » des produits fournis par ces élevages découragera ce genre d'entreprises, d'ailleurs fréquemment dévastées par des épidémies que les vaccinations ne peuvent enrayer quand elles n'en sont pas la cause directe.

2. Justification de l'aliment biologique

La pollution généralisée des aliments explique facilement la recherche d'un autre type de produits.

Si aucun produit n'échappe actuellement à des manipulations qui en détériorent la qualité, mis à part ceux du circuit « biologique » (dont la raison d'être est de préserver cette qualité), la viande se place certainement au premier rang des aliments « trafiqués ».

Rappelons que l'animal placé au bout de la chaîne alimentaire concentre les substances toxiques qui s'ajoutent à celles issues de son propre métabolisme. Cette loi de la concentration est également vérifiée pour les poissons dont les teneurs en mercure sont parfois très au-dessus des tolérances, surtout pour les espèces de grande taille qui se sont nourries d'organismes marins plus petits ; mais c'est aussi vrai pour le lait, le fromage et les œufs, ce qui rend nécessaire le choix d'une **production obtenue suivant les techniques de l'agrobiologie**. Tout le monde a pu voir de ses propres yeux, grâce à la télévision, la réalité des élevages industriels : ce sont des **monstres chancelants ou moribonds qui sont livrés à la consommation**. Le seul critère recherché est celui d'une prise de poids la plus rapide possible ; cet objectif est parfois atteint aussi bien dans les élevages géants que dans l'étable du petit éleveur qui, à l'instigation des conseillers divers, poursuit les mêmes standards productivistes.

Les **pesticides** contenus dans les céréales, les tourteaux, les plantes fourragères, sont concentrés dans le foie et la graisse des animaux : D.D.T. et lindane sont susceptibles de provoquer des troubles du système nerveux central ; ils se combinent parfois avec d'autres substances telles que colorants, autres pesticides, conservateurs, pollutions industrielles ; l'organisme humain stocke à son tour ces substances dans son foie et ses tissus adipeux. Si ces réserves sont sollicitées en cas de maladies ou d'amaigrissement, des pathologies tout à fait inédites, inexplicables et impossibles à soigner apparaissent.

L'utilisation des **hormones** (œstrogènes) a été interdite à la suite d'une campagne énergique conduite par les associations de consommateurs ; néanmoins, à la veille encore de cette mesure, une autorité médicale affirmait qu'on ne pouvait démontrer leur nocivité pour l'homme ; il est vrai qu'armé de son seul bon sens, le consommateur qui voit avec étonnement son morceau de veau acheté fort cher se transformer en eau au fond de sa casserole, n'est pas très convaincu par les explications rassurantes qui lui sont dispensées. Il n'est d'ailleurs pas douteux que ces hormones continuent d'être employées frauduleusement ; notons qu'utilisées sous forme d'implants, elles ne sont pas métabolisées par le foie.

Les **antibiotiques** sont toujours aussi largement administrés, parfois même mélangés à la nourriture des animaux comme activateurs de croissance ou de ponte et comme anti-infectieux pour parer aux maladies qui menacent les élevages industriels ; la consommation de viande provenant d'animaux traités aux antibiotiques (poulets, veaux, porcs) entraîne chez l'homme des allergies et rend inefficace l'utilisation de ces antibiotiques en cas de besoin.

Les poulets reçoivent en outre des **antiparasitaires**. Enfin, les animaux ne parviendront à l'abattoir qu'à la condition d'avoir reçu les **tranquillisants** sans lesquels ils ne supporteraient pas le stress consécutif au transport.

Les viandes ainsi que les végétaux sont couramment irradiés dans un but de conservation ; l'**ionisation** stabilise le produit ; il est vrai qu'une commission d'étude récente a conclu qu'il était impossible de mettre en évidence la nocivité de ce procédé, mais les consommateurs restent méfiants, et il y a de quoi ! Que penser des oignons et des pommes de terre dont la germination est inhibée, de viande qui ne s'altère pas ? Sommes-nous vraiment en présence d'aliments normaux ? Il est sans doute trop tôt pour évaluer quelles seront, à plus longue échéance, les conséquences d'une alimentation momifiée.

On ne peut non plus oublier les inconvénients particuliers inhérents à la viande, qui sont une corruption rapide et dangereuse (production de ptomaïne), botulisme et salmonellose qui se développent particulièrement dans les aliments carnés, sont très graves et parfois mortels. L'utilisation des nitrates permet la stabilisation des viandes, mais les nitrates eux-mêmes présentent l'inconvénient de contrarier l'oxygénation du sang.

La viande est le véhicule de parasitoses (trichinose, toxoplasmose) rares mais graves ; il suffit de faire cuire la viande suffisamment pour détruire les parasites qu'elle peut contenir ; cette cuisson prolongée a pour inconvénient de diminuer sa teneur en acides aminés, et en réduit donc d'autant la valeur sur un plan protidique tout en la rendant moins digeste, plus acidifiante et plus déminéralisante. Les viandes trop grillées produisent du benzopyrène cancérigène ; les graisses animales chauffées à haute température sont également nocives par la formation d'une autre substance, cancérigène elle aussi : le méthylchloranthrène.

3. Le courant végétarien actuel

a) Pas de sectarisme

Les chapelles détentrices d'une vérité absolue laissent place à un courant végétarien moderne moins sectaire, aux perspectives plus élargies.

A chaque fondateur d'école dans le domaine diététique, correspond la mise en valeur d'un élément de vérité ; c'est dans un mouvement de réaction justifié à l'encontre d'habitudes sclérosées, de doctrines aberrantes, que se sont dressés les réformateurs ; notre époque vit encore sur les habitudes d'une société industrielle parvenue à une certaine abondance, après de sévères années de pénurie ; l'excès alimentaire et la surconsommation de viande, de graisses, de sucres constituent un état de fait encore récemment encouragé par les thèses officielles en matière de nutrition et la publicité de certains groupes de fabricants (industries de la viande et du sucre).

Au début du siècle, le corps médical considérait que seul l'aliment carné était nourrissant ; à cela s'ajoutait la théorie de la calorie, appliquée d'une manière mécanique masquant d'autres aspects tout aussi vitaux ; les légumes étaient alors relégués au simple rôle de repoussoir des différentes pièces de viande, les fruits oubliés ou consciencieusement cuits : art culinaire de lourdeur, de réplétion, de surcharge ; cette description évoque sans doute la table de Louis XIV plutôt que celle de l'ouvrier ; il n'empêche que, toutes catégories sociales confondues, l'idéal était là. Le matérialisme dans lequel nous baignons encore plonge ses fondements dans cette recherche de pléthore sans grâce. Le festin de campagne, notoirement pantagruélique, exceptionnel dans l'année, possède une signification en rendant visible de temps à autre une abondance qui n'est pas la règle ; le travail physique intense fourni par le paysan ou le bûcheron leur permettait d'ailleurs d'éliminer les surcharges.

L'observation, le bon sens, les découvertes des vitamines, le rôle des ferments ont été à l'origine de fortes réactions ; pour citer les plus classiques : Dewey, Shelton, Carton, Berthollet, Mono, etc. Des végétarismes plus ou moins stricts ont été édifiés s'appuyant sur toutes les motivations imaginables et avec le recours à toutes sortes d'arguments : nutritionnels, anatomiques, scientifiques, aussi bien que moraux, spirituels ou sociaux. On conçoit le raidissement nécessaire, parfois excessif, pour se tenir à des positions contre la routine, et l'ignorance de la presque totalité du corps médical et scientifique qui régnait dans ce domaine.

Aussi, face au « tout carné » se sont dressés le « tout végétal » et le « tout cru » ; prenant le contre-pied de ces banquets fabuleux qui occupaient toute une journée et laissaient les convives au bord de l'apoplexie, les partisans du régime dissocié (Shelton) préconisent une seule catégorie d'aliments consommés au cours d'un repas, pour une meilleure digestibilité. Les granivoriens s'opposent aux fruitariens ; toutes sortes de régimes ont été proposés et essayés, les plus stricts semblant surtout convenir à leurs créateurs.

Il est peu utile de se demander si la tomate est le meilleur des aliments ou mériterait au contraire d'être exclue des nourritures humaines, comme poison au même titre que la ciguë. Ces ostracismes ne sont pas totalement dénués de raison ; dans certaines conditions et pour certaines personnes, le même aliment peut être excellent ou nocif. L'ensemble des recherches et des expériences de chacune de ces écoles ont permis d'écarter des préjugés, de mettre en valeur des aliments oubliés ou injustement méprisés.

b) Les constituants

Les **fruits** constituent, à condition d'être suffisamment mûris au soleil, des aliments parfaits par leur richesse en sucres et en vitamines : on remarque combien les enfants les aiment tout particulièrement, à condition qu'une alimentation artificielle ne leur ait pas précocement déformé et gâté de goût.

Les **légumes** fournissent leur chlorophylle vitalisante ; ils regorgent de sels minéraux et toute assimilation, résultat d'un transit intestinal satisfaisant, se fera grâce au lest fourni par l'apport de cellulose des légumes.

Les **céréales** forment le pivot du végétarisme, comme source de glucides provenant de l'amidon, mais aussi de ces fameuses protéines, matériau de construction de la cellule et qui rendaient, pensait-on, la viande si indispensable.

c) La cuisson

L'impossibilité de tout consommer cru ne doit pas faire oublier que nombre d'aliments sont consommables de cette manière et que toute cuisson détruit en partie ou complètement certaines vitamines (B, C, K) et les ferments oxydants nécessaires à la digestion. La chaleur agit profondément sur les substances composant l'aliment : le goût, l'odeur, les propriétés sont modifiés. Cependant, la cuisson permet de les consommer en quantités suffisantes, ce qui ne serait pas possible à l'état cru ; **les céréales ne sont comestibles que cuites**. Par le feu et la cuisson, l'homme humanise l'aliment. De la nature « brute », il passe à une nourriture élaborée.

d) La sous-nutrition

D'autres considérations peuvent être mises en avant pour justifier un changement d'une grande ampleur de nos habitudes alimentaires et peut-être aussi de nos ressources dans ce domaine. Quand on évoque les dangers que représente pour nous la surconsommation carnée, comment ignorer qu'une grande partie des habitants de notre planète meurt de faim ? En réalité, nos choix alimentaires ne sont pas sans relation avec la sous-nutrition qui règne dans le monde.

A ceux qui affichent du mépris pour le végétarisme et la diététique, estimant qu'il est bien mesquin de s'occuper du choix des aliments alors que les hommes meurent de faim par millions, on peut répondre que, précisément, il existe un lien entre ces faits ; ceux-ci devraient s'aviser que le steack qu'ils sont en train de manger affame l'Afrique ; c'est un fait : notre système alimentaire carnivore affame le globe, et pas parce que cette viande devrait être expédiée dans les contrées où la nourriture manque.

Il convient d'analyser ces deux réalités différemment : surconsommation globale et notoirement carnée d'un côté, sous-alimentation de l'autre. **La production agricole est consacrée à nourrir des animaux de boucherie au lieu d'être consommée directement par l'homme** ; le pain blanc moderne n'est plus un aliment, la viande l'a remplacé.

Une superficie semée en céréales, en légumineuses, en légumes pourrait nourrir cinq personnes ; vouée à l'élevage, cette même superficie n'en nourrira qu'une. L'animal est un transformateur de protéines ; à partir des végétaux (herbes, céréales, tourteaux...), il produit de la viande, des œufs, du lait et du fromage. S'il est un transformateur, on peut aussi considérer que c'est un destructeur de protéines végétales parce qu'il consomme pour son propre métabolisme une quantité importante de matière végétale.

La question ne se réduit pas à des équations puisque le produit nouveau d'origine animale n'est pas équivalent en qualité : proportion, concentration, digestibilité ne sont pas les mêmes dans le végétal et dans le sous-produit animal : par exemple, le lait est irremplaçable ou très difficilement remplaçable pour les nouveau-nés et les enfants, ce qui signifie que les mêmes éléments fournis sous forme végétale ne seront pas assimilés. Chaque aliment a donc une spécificité, et l'on ne peut procéder par équivalence dans ce domaine.

4. Le gaspillage des céréales

Ce que nous voulons mettre en relief ici est que l'élevage et l'engraissement à grande échelle des bovins tout spécialement pour la production de la viande est un immense gaspillage de substances végétales qui pourraient donner lieu à d'autres utilisations. Il faut 16 kg de céréales pour produire 1 kg de viande de bœuf, 6 kg pour 1 kg de viande de porc, 3 kg pour 1 kg de viande de poulet.

L'extension de l'alimentation céréalienne permettrait de répondre au besoin de la population mondiale. Ce nouveau courant, ouvert sur l'ensemble du monde, établit un lien particulièrement net entre un acte individuel aussi fondamental que la nutrition et une responsabilité très vaste socialement et politiquement. Une analyse détaillée de ces données est fournie dans l'ouvrage de Frances Moore Lappé (1).

Quelques éléments permettront de mieux saisir cette interaction de toutes les zones du globe qui vivent une solidarité de fait. La production de viande constitue une déperdition considérable de rendement de nourriture à l'hectare, en protéines tout particulièrement : de grandes étendues de pâturages, de céréales, de maïs sont consacrées à l'élevage ou à la production de la nourriture du bétail. Mais il y a plus

1. Frances Moore Lappé : *Sans viande et sans regret* (Éditions l'Étincelle, Montréal).

grave : ces superficies n'y suffisent plus et des importations sont nécessaires pour nourrir le cheptel destiné à la production de viande dans nos pays. A cet effet, les experts ont tenté, avec plus ou moins de succès, de remplacer des cultures vivrières traditionnelles (mil, sorgho) par des productions exportables, d'ailleurs durement concurrencées par le soja américain dont la principale destination est d'engraisser nos veaux, livrant sans défense le paysan européen ou africain aux cours agricoles mondiaux. Dans cette optique, un comportement cohérent suppose :

1) **La diminution générale de la consommation de viande**, particulièrement celle qui est obtenue par les techniques modernes d'engraissement qui présentent quatre inconvénients :

— mauvaise qualité du produit ;

— conditions d'élevage barbares ;

— gaspillage de matières premières végétales ;

— pollution entraînée par les déjections des animaux concentrés ; le voisinage de ces élevages est une calamité : odeur insupportable, pollution des eaux, perte de matière organique inutilisée pour la fertilisation et rejetée tout simplement dans les eaux des rivières.

2) **Le choix systématique des produits biologiques dont la qualité est optimale** ; sans ce choix, il est inutile d'envisager une alimentation saine. L'agrobiologie consomme 3 à 4 fois moins de pétrole que l'agrochimie ; elle ne détruit pas le milieu naturel.

5. Un cas particulier : le régime macrobiotique

a) La théorie

Ce qui fait la force et le succès de la macrobiotique est de reposer sur le support très solide que lui fournissent la religion et la philosophie extrême-orientale, chinoise et japonaise ; les titres des ouvrages fondamentaux dans lesquels sont exposées les idées essentielles de la macrobiotique indiquent bien que l'introducteur de ce système alimentaire en Occident propose autre chose qu'une simple diététique ;

ce sont : *Le Zen macrobiotique, l'art du rajeunissement et de la longévité* et *La Philosophie de la médecine d'Extrême-Orient*.

Deux grands principes permettent de comprendre le monde créé et d'épouser sa dynamique au lieu de la contrarier ; ces énergies sont le **Yin**, principe centrifuge et féminin, et le **Yang**, centripète et masculin ; l'un ne peut exister sans l'autre. Toute chose est en perpétuelle mutation ; les contraires tendent à s'abolir dans l'unité dont ils sont issus, l'excès de l'un des principes conduit à son opposé. La maladie provient de l'excès de l'un de ces principes, en général du Yin, pour les Occidentaux ; ce trouble organique a lui-même sa cause dans une alimentation déséquilibrée, le plus souvent trop Yin, selon Ohsawa.

Sont particulièrement Yin et préjudiciables, les produits obtenus à l'aide d'engrais chimiques, excessivement frelatés et traités. Sous un autre angle d'appréciation, on remarque en effet que les aliments chargés en potasse, en nitrates et en résidus de pesticides ont un pH très alcalin propice au cancer.

L'organisation alimentaire proposée par la macrobiotique permet de corriger les erreurs évidentes de la consommation industrielle moderne, qui seront souvent dénoncées ici : agriculture chimique, excès d'aliments carnés, de sucres.

b) La pratique

La base nutritive essentielle est fournie dans le système macrobiotique par les céréales (riz, orge, sarrasin), les légumineuses (haricot rouge « azuki », soja et préparations fermentées traditionnelles à base de soja : tamari, miso) ; les algues et les légumes sont également employés ; les aliments sont souvent grillés ou frits dans l'huile (oignons, graines de sésame, céréales, farines, sel) dans le but de les rendre plus yang ; le poisson est aussi conseillé ; la volaille (chair blanche) moins toxique est préférée aux animaux à chair rouge.

Le régime doit comporter, selon Mishio Kushi :
— 50 % de céréales complètes.
— 10 à 15 % de haricots ou de graines (soja, lentilles).
— 20 à 30 % de légumes dont 1/3 crus.
— 15 à 20 % de poisson et de viande.

Les algues occupent une place importante (source d'iode) ; la boisson, consommée au minimum, est constituée de décoctions de racines (pissenlit, bardane), de céréales ou de féculents grillés (pois chiches, azukis).

G. Ohsawa a indiqué dans la *Philosophie de la médecine d'Extrême-Orient* que certains membres de sa famille et lui-même se trouvèrent, à une certaine époque, plus ou moins gravement atteints, ce qu'il attribua, à juste titre, à l'introduction de l'alimentation occidentale moderne (viandes rouges, sucre, céréales raffinées) ; il revint simplement au régime traditionnel des Japonais et recouvra la santé.

Ce régime permet en effet d'éviter les grandes dégénérescences liées à notre époque, tels le cancer et les maladies cardio-vasculaires. Il est vrai que les paysans d'Europe qui, depuis des siècles se nourrissaient principalement de céréales, ignoraient ces maladies.

Le régime macrobiotique, qui plonge ses racines dans une culture ancestrale, est parfaitement adapté au lieu où il a pris naissance. Il paraît artificiel de vouloir le transplanter intégralement dans les pays occidentaux où les races et les plantes sont autres.

En particulier, les fameux azukis n'y sont pas encore largement cultivés ; les zones de culture du riz sont plus limitées que celles qui peuvent être consacrées à d'autres céréales (blé, orge, seigle...) pour des raisons climatiques ; le soja n'a été que récemment acclimaté dans les régions chaudes de l'Europe (15 000 ha seulement dans le midi de la France), et les préparations fermentées (tamari et miso) à base de soja complètent heureusement un régime essentiellement céréalien ; en revanche, nos pays produisent d'autres denrées plus ou moins écartées du régime macrobiotique : les laitages, les fruits, toutes les solanées, pommes de terre, tomates et aubergines, sous prétexte qu'elles sont trop Yin. Les plantes aromatiques sont peu utilisées.

Le régime macrobiotique essentiellement céréalien se révèle efficace à titre de **cure de désintoxication** ; d'autres types de monodiète, à base de légumes ou de fruits, le sont autant.

Le développement de l'alimentation végétarienne est redevable à la macrobiotique d'avoir contribué à remettre à l'honneur l'usage des céréales passablement oubliées, comme le sarrasin, pourtant traditionnel dans nos pays.

On lui doit aussi d'avoir relié l'alimentation à un art de vivre et d'avoir introduit une conscience plus présente dans l'acte alimentaire.

Les légumes frits, imprégnés d'huile chauffée, particulièrement les inévitables oignons, sont rendus peu digestes par ce mode de préparation. Les huiles portées à haute température se saturent et produisent des substances toxiques et irritantes telles que l'acroléine. Ce type de cuisson ne devrait pas être habituel.

Les mets constitués de céréales et de légumineuses (tels les haricots) fournissent un ensemble très riche en acides aminés, mais ne sont pas toujours aisés à digérer ; il sera bon d'appliquer au pied de la lettre le conseil fourni en même temps que la recette, à savoir de mâcher consciencieusement cette nourriture.

Aux États-Unis, des cas de malnutrition ont été constatés parmi les adeptes du système macrobiotique, se manifestant par des anémies, des carences en protéines et en calcium, et par des signes de scorbut.

L'association céréales-légumineuses est parfois mal conçue et ne fournit pas la ration azotée nécessaire ; l'organisme n'est pas toujours capable de la trouver dans une alimentation très différente de celle pratiquée auparavant. Les vitamines des légumes sont en partie détruites par les cuissons, voire totalement (vitamine C), et les fruits frais écartés, comme cela a été mentionné plus haut, ne peuvent donc combler cette carence.

Mais remarquons qu'en utilisant malgré tout les denrées rejetées par la macrobiotique, nous ne ferions que nous conformer à un autre de ses principes qui préconise de consommer les produits de son propre terroir. De la macrobiotique, nous pourrions conserver la notion d'un équilibre alimentaire qu'on le nomme Yin-Yang ou acidité-alcalinité ou rapport sodium-potassium... Cette compréhension est aussi bénéfique qu'est dangereuse l'application sans discernement de « trucs ».

CHAPITRE VI

Philosophie et sagesse du choix végétarien

1. Accepter d'évoluer

Envisager l'alimentation et la nutrition relève d'abord de l'empirisme et de la science, d'une certaine manière, comme élément de connaissance externe ; mais comme pratique individuelle et quotidienne, cela dépend beaucoup plus d'une attitude d'ensemble devant le vie, de l'image qu'on se forge au fil des jours et suivant un mode fluctuant de soi-même et de sa propre existence, du sens que l'on reconnaît à sa situation au sein de la nature et des hommes. Chaque individu a donc une alimentation originale ou qui devrait l'être ; et c'est une illusion totale, mais tenace, que de concevoir un mode d'alimentation idéal pour tous.

On constate que les différentes écoles proposant des réformes alimentaires se rattachant au végétarisme, ont souvent été fondées par des hommes qui, plus ou moins gravement atteints, parfois abandonnés par la médecine, se sont attaché à ranimer leur propre énergie vitale par un mode de vie et de nutrition nouveau (Carton, Shelton, Merrheim, Ohsawa, Geffroy, par exemple) : ces hommes ont plus insufflé une conviction qu'ils n'ont laissé des techniques qu'on pourrait appliquer intégralement.

Modifier sa propre alimentation, dans un sens végétarien, c'est accepter de se placer dans le courant de la vie, c'est perdre de vue certains repères usuels pour en trouver de nouveaux, inconnus, c'est **accepter d'évoluer**, par rapport à sa propre image et celle qu'on a donnée jusqu'alors aux autres, rompant la complicité du conformisme niveleur. C'est pour cette raison, précisément, que la plupart des individus opposent un refus à toute modification alimentaire.

« Être végétarien », cela évoque quoi ? Un individu qui se nourrit d'herbes et mène un mode de vie ascétique ? C'est une vision restrictive, pas entièrement fausse, mais qui demande à être corrigée et complétée à l'aide d'autres éléments. Si « être végétarien » se réduisait à cela, l'usage de ce régime serait en effet réservé à quelques personnes, et les végétariens seraient des curiosités de parcs zoologiques. Mais comme il est également probable que l'immense majorité n'a jamais réfléchi, ne serait-ce que cinq minutes à la question, faute d'éléments, il importe que le végétarisme apparaisse comme un moyen viable et simple de s'alimenter : une telle image ferait sortir le végétarien de l'isolement dans lequel il se trouve.

Le mot recouvre en réalité une assez grande variété de systèmes alimentaires plus ou moins restrictifs. Dans cet ouvrage, nous distinguerons clairement, parce que cela est d'une grande importance pour la **nutrition**, un végétarisme qui exclut la viande, mais comporte la consommation de sous-produits animaux (œufs et laitages) et qu'on désignera sous le terme de « lacto-végétarisme » (on dit aussi parfois ovo-lacto-végétarisme), et un système alimentaire beaucoup plus restrictif puisqu'il refuse non seulement toute consommation de chair animale, mais rejette également tous les sous-produits d'origine animale : œufs, lait, fromages, beurre, miel ; on l'appellera « végétalisme ».

Dans notre civilisation, la pratique du végétarisme ne bénéficie d'aucune base religieuse importante. Elle repose donc sur un choix personnel. De nombreuses populations de tous les continents pratiquent une alimentation sans produit carné ou presque ; non seulement elles ne souffrent pas de carences, mais sont dans un état de santé supérieur à celui que connaissent la plupart des hommes vivant dans les pays industriels, surconsommateurs de produits carnés. Chez les fameux Hounzas, on relève une longévité extraordinaire et une très grande robustesse ; néanmoins ces équilibres alimentaires sont très fragiles et, s'ils sont légèrement perturbés, les carences apparaissent. Il suffit que les coutumes traditionnelles soient bouleversées par le surpeuplement, l'introduction de produits nouveaux, inconnus ou par l'abandon des cultures traditionnelles au profit de variétés de plantes exportables, pour que la malnutrition se manifeste, si des solutions nouvelles ne sont pas trouvées.

2. La sagesse

Parmi les nutritionnistes actuels, des conceptions alimentaires correctes font peu à peu leur chemin ; aux théories du début du siècle qui préconisaient le gavage carné comme thérapeutique de la tuberculose et comme moyen idéal de se maintenir en bonne santé, en parfait accord avec le culte d'une gastronomie plantureuse, succèdent maintenant des références à une sagesse qui prend en compte le corps, ses réactions et son aspect ; les canons de la beauté physique s'éloignent de Rubens pour se rapprocher de Phydias. Cette harmonie, d'abord détruite dans les corps, ne se rétablit que peu à peu dans les esprits. On redécouvre qu'il existe des lois naturelles et que, par son corps, l'homme y participe.

L'organisation d'une réforme alimentaire devra reposer sur une attitude positive avec la perspective réelle d'une amélioration, avec la volonté de parvenir à un résultat.

On comprend que des changements parfois trop rudes et trop rapides soient abandonnés en cours de route : l'individu revient alors purement et simplement à son mode alimentaire antérieur et s'y incruste définitivement. Des tentatives non accompagnées de la volonté effective d'aboutir à un résultat ne doivent pas être entamées ; on rencontre trop souvent des attitudes désenchantées : « *C'est tellement compliqué, c'est contradictoire.* » On entend aussi : « *Ces produits sont difficiles à trouver* », « *Ils sont chers* », « *On n'est pas sûr de leur qualité* ». Il existe alors deux solutions : résoudre positivement les questions posées ou bien s'en remettre au choix que d'autres auront fait, à savoir ce que vous proposent des industries soumises à des groupes financiers recherchant une rentabilité à court terme, en l'absence de toute définition de « **l'aliment réellement adapté à la physiologie humaine** ».

Les nourritures carnées sont souvent évitées pour des motifs religieux. L'Inde, à une époque encore récente, connaissait un équilibre alimentaire, actuellement rompu ; il est impossible de condamner une alimentation excluant la viande, en se fondant sur les carences dont souffre la population de l'Inde ; il s'agit là en effet de misère pure et simple, les autres sources de protéines faisant également défaut, lait et céréales en particulier. On peut cependant estimer qu'une conception religieuse, certainement dégradée par rapport à ses origines, ne voyant plus dans la forme corporelle qu'un moment du passage terrestre et le simple instrument d'une ascèse souvent étonnante, ne permet pas la considération de la dimension matérielle qui est un élément constitutif de l'être humain ; par un effet de retour, le refus de la matérialité renforce une sous-alimentation qui rend de plus en plus difficile la réactivation d'un désir de développement matériel et corporel indispensable.

L'alimentation carnée qui, inversement, permet une implantation dans la matière, est parfois utile à un certain stade personnel ou collectif ; dans les pays industriels occidentaux, cette dimension est développée au détriment de toutes les autres et l'augmentation constante de la consommation de viande n'est pas surprenante. Cette surconsommation semble à son tour figer une majorité d'individus dans une vision purement matérielle d'eux-mêmes ; mais d'autres besoins, d'autres aspirations existent et réclament d'autres nourritures. Parfois considéré à tort comme une fin en soi, ou faussement idéalisé, le végétarisme constitue cependant une étape indispensable pour celui qui veut rompre certains conditionnements.

3. La conquête de la santé

La santé est une lutte ; chaque homme a sa propre santé, elle dépend de lui ; elle ne ressemble aucunement à celle du voisin. Chaque individu dispose d'un potentiel vital différent : définie positivement, **la santé ne peut résulter que de l'harmonisation de toutes les dimensions présentes dans l'homme** : corps, âme, esprit et intellect, tout doit être nourri.

Il existe bien des critères objectifs de la santé, qui permettent de préconiser un mode de vie jugé plus sain que d'autres, mais c'est surtout l'expérience personnelle et intérieure qui en est faite qui permet d'en parler. La notion de santé n'est pas objectivable ; la maladie est simplement ressentie comme un désordre, une souffrance et une menace. La santé est donc un bien, le bien pour le corps en dehors de toute objectivation scientifique ; mais la notion de santé ne peut se construire qu'à partir de la valeur que chaque individu lui accorde intérieurement, les critères objectifs doivent s'organiser à partir de cette réalité ; la démarche inverse est illusoire parce qu'elle se nie elle-même.

Une constitution faible peut très bien former un atout dans le développement total de l'individu ou, au contraire, sa défaite ; **la santé est alors une conquête** réclamant toute l'intelligence, le discernement, toute la volonté de l'être, possibilités proprement humaines. La santé n'est pas une fin en soi ; elle n'est intéressante que comme moyen d'action, de conscience et de conquête : dans la souffrance, on peut puiser des choses très diverses, l'amour des autres, l'intolérance, la haine ou la sagesse. Une « santé de fer » détermine souvent une difficulté à évoluer sur des plans subtils, et empêche l'individu de vivre toutes ses potentialités.

CHAPITRE VII

Classification des aliments

Les aliments seront classés par grandes catégories en fonction de leurs propriétés nutritives les plus significatives. Quelques indications permettront de les intégrer dans la pratique alimentaire.

1. Les fruits

a) Fruits doux ou peu acides

Ce sont les fruits à saveur douce : regroupés ainsi par commodité, ils sont évidemment très différents (la cerise, très aqueuse, la datte, très riche en sucre, par exemple) ; tous les fruits sont revitalisants, reminéralisants ; ce sont des aliments d'une grande valeur par leur richesse vitaminique et leur digestibilité.

Abricot : très nutritif pour l'organisme tout entier, et plus spécialement pour le système nerveux.

Avocat : caractérisé par sa richesse en lipides ; très reconstituant parce que rapidement assimilable.

Banane : très nourrissante, riche en sucre ; elle est rendue plus digeste écrasée.

Cerise : dépurative mais également très riche en minéraux.

Datte : son apport calorique est extrêmement élevé (350 calories pour 100 g).

Framboise : dépurative et rafraîchissante.

Melon : rafraîchissant et diurétique.

Mûre : les mûriers devenus très rares, il s'agit principalement de la mûre du roncier ; astringente.

Nèfle : se consomme blette ; astringente.

Pastèque : désaltérante, dépurative.

Pêche : diurétique, désaltérante et énergétique.

Poire : reminéralisante, diurétique, dépurative.

Pomme douce (golden ou starking) : tonique pour les systèmes musculaire et nerveux.

Prune douce : énergétique, désintoxicante.

Raisin : énergétique, reminéralisant, décongestionnant hépatique.

On conçoit toute l'importance de l'apport vitaminique des fruits qui, contrairement à la plupart des légumes, sont consommés crus, donc sans déperdition ni destruction des vitamines et des minéraux. Les fruits et les jus de fruits seront préférés aux vitamines de synthèse antiphysiologiques et perturbantes pour l'organisme. On pensera aux jus de raisin, de cerise, de pêche et pas seulement aux agrumes trop acides pour les enfants en bas âge.

Les fruits peuvent être consommés intégrés dans les salades composées, par exemple d'endives, de noix, de morceaux de pommes reinette, ou bien de laitue et avocats.

Les **dattes** et les **fruits secs sucrés** sont des aliments hautement énergétiques, par leur forte teneur en sucre. Ils sont très indiqués pour les sportifs, les alpinistes ; mélangés aux céréales en flocons, ils constituent des petits déjeuners et des desserts excellents (muesli).

Certains fruits peuvent être séchés, et leur concentration en sucre et en minéraux est alors considérablement augmentée ; on peut trouver les fruits secs suivants : **abricots, figues, pêches, poires, pruneaux, raisins, bananes**.

*
* *

b) Fruits acides

Il est bon de consommer les fruits acides en dehors des repas ou au début à cause de leurs propriétés apéritives et stimulantes ; ils sont moins nutritifs que les fruits doux, mais ont une action désintoxicante. Les principaux fruits à saveur acide sont les suivants :

Ananas : favorise la digestion des protéines, désintoxicant.

Cassis : reminéralisant.

Citron : parmi ses multiples propriétés : bactéricide, tonique du système nerveux et du cœur, antirhumatismal.

Fraise : reminéralisante, désintoxicante.

Griotte : diurétique et stimulante.

Groseille : décongestionnant hépatique.

Myrtille : bactéricide, antiurique, astringent intestinal.

Pomme acide : les plus connues de cette catégorie sont toutes les variétés de reinettes.

Pamplemousse : apéritif, tonique, draineur rénal.

Tomate : revitalisante et désintoxicante.

c) Fruits oléagineux

Ces fruits répondent parfaitement aux besoins de l'organisme pour ce qui est des lipides. Ils sont utilisables tels quels, en coque, ou écrasés en **purée** ou en **confit** si du sucre y est ajouté, ou encore sous forme d'**huile** pour certains d'entre eux.

Amande : précieuse pour les végétariens parce que riche en lipides mais aussi en protéines ; l'amande existe sous forme de purée et de confit qui peuvent être consommés avec du pain ou incorporés dans des préparations culinaires. On peut diluer dans l'eau certaines purées d'amandes et obtenir un excellent lait (du type « lactamande »).

Arachide (cacahuète) : énergétique et nutritive ; on notera que l'arachide est plus digeste sous forme de purée.

Olive : seule l'olive noire est arrivée à maturité ; l'huile d'olive est incomparable par sa valeur nutritive et sa richesse en vitamines A, B, C, E ; elle est conseillée en cas d'insuffisance hépatique.

Noisette : très riche en matières grasses et azotées (15,58 % de protides), elle est cependant très digeste. Elle devrait être plus largement consommée, mais ne disparaît-elle pas en même temps que les haies de nos campagnes ? On trouve, dans les magasins de produits naturels, des purées et des confits de noisettes.

Noix : très énergétique, elle donne une huile dont les acides gras sont poly-insaturés dans une proportion de 73 % à 84 %.

Pignon : fruit oléagineux qui provient de la pomme de pin (pays méditerranéens) ; très riche en protéines (31,81 %).

Quelques autres fruits oléagineux sont moins connus :

Pistache : excellent fruit oléagineux, à consommer en coque ; utilisé aussi dans la fabrication de certaines confiseries.

Sésame : petite graine oléagineuse, très nutritive, entrant dans la pâtisserie ; on en fait une purée (tahin) qui peut être utilisée avec les céréales et les légumes, un confit : le nahita, aliment extrêmement complet, énergétique et nutritif, riche en vitamines et en minéraux. Les graines de sésame grillées avec du sel donnent une spécialité macrobiotique appelée « gomasio » qui accompagne le riz.

Noix de cajou : au goût très délicat, particulièrement riche en protides et en glucides. Il existe des purées et des confits de noix de cajou.

On trouve aussi, dans les régions tempérées, des graines dont on extrait de l'huile :

Tournesol : donne une excellente huile qui comporte principalement des acides gras mono et poly-insaturés ; si on veut conserver à cette huile ses propriétés, on l'utilisera crue et on évitera absolument de la chauffer.

Colza (chou à huile) : sa valeur est très controversée ; l'acide érucique que contient le colza serait nocif pour le cœur ; cependant, une variété contenant moins de 5 % de cet acide éviterait cet inconvénient ; il est préférable d'en faire un usage modéré.

*
* *

Des fruits, des légumes exotiques apparaissent de plus en plus fréquemment sur nos tables, en même temps que d'autres, produits localement, en disparaissent progressivement : les jeunes citadins ne semblent connaître que la pomme de terre. Les végétaux cultivables à grande échelle, faciles à mettre en boîte et à transformer industriellement, sont préférés ; l'alimentation courante s'en trouve singulièrement appauvrie et les goûts s'orientent vers la fadeur : céleris, potirons, panais, choux, raves n'y ont plus leur place ; l'agro-alimentaire n'y trouve pas de profits et les maraîchers les abandonnent parce que la demande diminue. Or, chaque plante a une valeur unique, spécifique et irremplaçable.

Le mode d'alimentation courant s'apparente à la production culturelle elle-même : une fadeur de fond masquée par la violence et l'artificialité. La tendance est réellement à l'appauvrissement et à la régression. La diversité des formes, des parfums, et des couleurs des substances nourrit le corps et les sens. Les hommes ont réussi à enrichir leur alimentation en domestiquant des centaines de plantes jusqu'à en faire des légumes cultivables et obtenus grâce à des croisements multiples et à de patientes sélections.

Le processus inverse est amorcé : l'idéal technocratique oriente tout naturellement l'agriculture et la production alimentaire vers l'uniformisation : une seule variété de radis pour toute l'Europe. Des centres de conservation des végétaux, aussi bien que des animaux en voie de raréfaction, se sont créés ; c'est certainement une mesure prudente qui laissera des ressources possibles, si des épidémies venaient à frapper les variétés et les espèces actuellement sélectionnées.

2. Les légumes

Les légumes constituent, avec les céréales, l'essentiel du repas végétarien. Nous y trouvons : minéraux, vitamines, cellulose, chlorophylle vitalisante, sucre et aussi protéines. Ils présentent des caractères très différents qui permettent de les regrouper sur un plan nutritif en trois grandes catégories relatives à leur teneur en glucides, donc à leur valeur énergétique.

a) Légumes non amylacés

Ils ne comportent pas d'amidon, sont donc peu énergétiques, riches en chlorophylle et en fibres cellulosiques. Dans ce groupe, on peut citer :

— **Asperge** : dépurative et diurétique (peut être consommée crue).

— **Aubergine** : calmante et laxative.

— **Bette** (poirée) : diurétique, émolliente.

— **Céleri-branche** : cuit ou cru dans les salades, stimulant général ; trop peu utilisé.

— **Poireau** : riche en minéraux et dépuratif.

(La plupart de ces légumes peuvent être consommés crus mais en quantité moindre que s'ils étaient cuits.)

On trouve aussi les salades classiques : **chicorée**, **laitue**, **mâche**, **pissenlit**, **cresson**, **oseille**, **endive**, **poivron**, **concombre**, **radis roses** et **noirs**, et d'autres plantes auxquelles on penserait moins : **fenouil**, **épinard**, **tétragone**, **haricots verts** fins coupés en petits morceaux.

b) Légumes amylacés

Contenant de l'amidon, ils sont plus énergétiques que les précédents :

— **Artichauts et cardons** : très digestes, activateurs hépatiques (les premiers artichauts violets peuvent se consommer crus).

— **Carotte**, **betterave rouge**, **céleri-rave** : crus ou cuits.

— **Champignons** : la proportion de protides du champignon est appréciable mais très variable (4 à 30 g pour 100 g) ; consommables crus ou cuits selon les variétés ; le champignon de couche est très bon en salade, aromatisé avec de l'estragon.

— **Choux-fleurs**, **choux rouges**, **choux-raves**, **choux de Bruxelles** : aliments précieux, tous utilisables aussi bien en salade que cuits ; dans ce cas, ils seront plus digestes, accompagnés d'aromates en poudre tels que le fenouil, le carvi, le cumin, le coriandre, le genièvre, tous antiputrides.

Parmi ces légumes amylacés, citons encore :

— **Navets** : parfois forts et pour lesquels la cuisson à l'étouffée n'est pas toujours recommandée.

— **Citrouilles, pâtissons, courgettes** : peuvent être consommés crus ; légumes doux et aqueux ; la variété de potiron « muscade » est particulièrement sucrée.

c) Légumes farineux

Cette catégorie permet de regrouper des légumes et des fruits dont la caractéristique est leur grande richesse en amidon et en sucre, et qui sont donc très énergétiques.

— **Châtaigne** : nourriture de base en Ardèche et dans les Cévennes jusqu'à une période récente, elle est de moins en moins consommée.

— **Panais** : racine à saveur douce, facile à cultiver ; était autrefois plus répandu que la pomme de terre.

— **Petit pois** : riche en phosphore, très nutritif sous forme de purée.

— **Pomme de terre** : peu digeste lorsqu'elle est frite ; il est préférable de la préparer cuite à l'eau ou au four de façon à lui conserver ses sels minéraux, en particulier le potassium.

— **Salsifis** et **scorsonère** : très peu consommés, principalement à cause de l'épluchage fastidieux ; très nourrissants mais peu digestes (aromatiser abondamment).

— **Fève** : fraîche, verte ; est bonne crue ou cuite (aromatisée avec du cumin en poudre).

— **Potimarron** (ou potiron japonais) : proche de la châtaigne ; très farineux et très sucré.

3. Les céréales et les protéines

Les céréales pourraient trouver leur place parmi les farineux par leur forte teneur en amidon et leurs propriétés énergétiques, mais leur richesse particulière en protides leur confère une place centrale dans l'alimentation (voir chapitre VIII : *Les protéines*).

4. Les graisses

D'origine animale : graisse des viandes et des poissons (variables suivant les espèces et les morceaux).

Le beurre : à utiliser cru ; à réserver surtout pour les enfants et les adolescents. Éviter de faire chauffer.

Les graisses végétales : abondantes dans tous les fruits oléagineux dont il a été question plus haut.

5. Les sucres

Les sucres sont présents dans les fruits et certains légumes (amylacés, farineux) et les céréales, mais on les rencontre surtout sous une forme très concentrée dans le **miel** et le **sucre**. Le **sucre de canne roux** est supérieur au sucre blanc de betterave, à cause des traces de sels minéraux et de vitamines qui y subsistent malgré le chauffage nécessaire à la fabrication ; il est moins déminéralisant que le sucre de betterave.

6. Les aromates

Ils sont peu utilisés et même abandonnés au profit des épices ; les aromates frais ou séchés sous forme de poudre devraient être employés dans tous les plats ; ils permettent de varier les saveurs ; leurs propriétés sont nombreuses (1) : stimulants digestifs, protecteurs, désinfectants, ils donnent subtilité et finesse aux mets les plus simples.

Certains d'entre eux sont bien connus et couramment utilisés, à juste titre : **ail** (antiseptique intestinal et pulmonaire, hypotenseur), **échalote, oignon, persil, cerfeuil, ciboulette, thym, romarin, laurier, vanille.**

---

1. Voir l'ouvrage du Dr André Passebecq : *Votre santé par la diététique et l'alimentation saine* (Éditions Dangles).

Mais d'autres le sont moins : aneth, basilic, carvi, clou de girofle, cannelle, coriandre, cumin, estragon, fenouil, genièvre, gingembre, girofle, lavande, marjolaine, menthe, noix de muscade, origan, paprika, safran, sarriette, sauge, serpolet.

L'usage des aromates et la cuisson sans eau gardent toute leur saveur aux aliments et rendent moins pressant le besoin de saler ; à ce propos, le sel blanc est du chlorure de sodium à l'état pur, et on lui préférera le **sel marin gris** dont le magnésium et l'iode n'ont pas été éliminés.

CHAPITRE VIII

Les protéines

1. La composition des protéines

Alors que les glucides et les lipides sont composés de trois éléments (carbone, oxygène, hydrogène), les protéines sont dites « **quaternaires** » parce qu'elles comportent un élément supplémentaire qui les caractérise : l'azote. Pour certaines d'entre elles, on distingue aussi d'autres éléments, comme le soufre, par exemple.

Les protéines sont composées de 22 acides aminés ; **8 d'entre eux ne sont pas synthétisables par l'organisme** ou trop lentement : l'alimentation doit les fournir directement au corps ; il s'agit de l'isoleucine, la leucine, la lysine, la méthionine, le tryptophane, la phénylalanine, la thréonine et la valine. On les nomme « acides aminés essentiels » (A.A.E. en abrégé). A cette liste s'ajoute l'histidine, indispensable pour la croissance des enfants. Parmi les A.A.E., 4 sont faiblement présents dans les aliments issus du règne végétal : la lysine, l'isoleucine, le tryptophane et la méthionine.

L'un des points essentiels à résoudre pour le végétarien est la constitution de sa ration azotée. Au fur et à mesure que l'on exclura des sources possibles de protéines, il conviendra de procéder à des associations convenablement conçues parmi les aliments qu'on désire utiliser.

La « complémentation » d'une protéine végétale est indispensable, et se réalise à l'aide d'autres protéines, d'origine animale ou végétale.

2. La fonction des protéines

Précisons d'abord schématiquement le rôle des protéines pour l'organisme humain.

Elles permettent **l'édification des cellules et des tissus**, tout particulièrement chez les enfants qui en utilisent 1/3 pour la **construction de leur corps** ; parmi les acides aminés essentiels (A.A.E.), l'histidine et la lysine leur sont absolument nécessaires ; en revanche, la méthionine, qui a une fonction d'entretien, est surtout utile à l'adulte. Celui-ci a néanmoins besoin de matériaux de construction, pour sa musculation (sportifs) ou en cas de blessures, brûlures ou hémorragies qui nécessitent une réfection des tissus.

Les protéines interviennent naturellement dans le **renouvellement des cellules** qui s'effectue d'une façon incessante.

Elles sont les éléments de base de la **synthèse des enzymes**, des **hormones et anticorps**, du **lait** pour les femmes qui nourrissent leurs enfants (cystine).

Elles agissent dans la **régulation de la pression osmotique et de l'équilibre acido-basique.**

En cas de manque glucidique ou lipidique, elles fournissent de l'énergie ; mais les protéines sont difficilement stockables, sauf dans les muscles et le foie, sous forme de néoglycogène ; si elles sont consommées en excès, le surplus est oxydé avec une production d'énergie, de graisse et de déchets.

Mais, là encore, le métabolisme des protéines n'est pas isolable du reste de la ration alimentaire ; en effet, cette opération consomme de l'énergie qui est tout naturellement fournie par les glucides : si le sucre manque, la balance azotée sera déficitaire ; Elisabeth Piquard-Badina (1) indique dans sa thèse qu'en cas de jeûne complet, 70 g de protéines sont dégradés par jour.

Autrement dit, **la bonne utilisation des protéines dépend aussi de**

1. Elisabeth Picard-Badina : *Régime normal et régime végétarien ; incidences pathologiques* (Faculté de médecine de Montpellier).

l'apport calorique d'origine glucidique ; il est à remarquer que les lipides n'ont pas d'effet sur l'épargne azotée. La lysine, abondante dans les produits laitiers, joue le rôle de pivot dans l'assimilation de toutes les autres protéines parce qu'elle se prête peu aux échanges avec les A.A.E. La lysine n'a pas de substitut qui pourrait provenir de la dégradation d'autres acides aminés. Le chauffage dégrade la lysine, la cystine et la méthionine : ces acides aminés peuvent être détruits par la cuisson, ce qui réduit la valeur qu'on attribue à la viande comme source azotée ; l'idéal serait de la consommer crue, ce qui présente d'autres inconvénients, tel le parasitisme. Le tryptophane et d'autres A.A.E. sont également endommagés si, à la chaleur, s'ajoute l'acidité liée à la production de gélatine ; **la viande cuite perd donc de sa valeur comme source protéique**, la cuisson en réduisant plus ou moins les propriétés ; ce n'est pas le cas d'un jaune d'œuf qui peut être consommé cru ou peu cuit, ni du fromage obtenu par simple caillage du lait cru. On notera qu'à l'inverse, la cuisson des céréales augmente leur digestibilité et leur assimilation.

3. Le problème des protéines dans un régime végétarien

Si la proportion de protéines n'atteint pas 12 % de la ration alimentaire, l'anorexie apparaît ; on la rencontre chez des végétariens dont le régime conçu très restrictivement, trop pauvre en aliments protéinés, entraîne une sous-alimentation globale.

a) Le crudivorisme

La viande cuite ou très cuite présente une perte protéique ; elle est aussi plus indigeste que peu cuite ou crue ; à titre de curiosité, on indiquera que dans certains groupes crudivoristes, viandes et poissons sont consommés crus, mais en faible quantité, et si l'individu en ressent le besoin ; dans ce cas, on doit être très sûr de la provenance de la viande pour ne pas risquer d'y voir la présence de parasites ou de résidus médicamenteux, pas forcément détruits par la cuisson d'ailleurs. Ces remarques pourraient donner une image déformée du crudivorisme, dont le but n'est pas d'amener ses adeptes à dévorer de la viande crue. Son objectif est de permettre aux individus de retrouver leurs véritables besoins dans des aliments dont le goût et les propriétés n'auront pas été transformés par la cuisson. Cette pratique alimentaire est, pour cette raison, nommée **instinctothérapie** et repose, en fait, essentiellement sur la **consommation de fruits de toutes sortes.**

Comme cas limite, l'exemple des Esquimaux est intéressant : ne disposant que de viande pour s'alimenter et pour résister à des températures effroyables, ils consomment crus les poissons et les phoques, y compris moelle et intestins avec leur contenu, ce qui les protège des carences vitaminiques. L'introduction récente du sucre et de la viande cuite a fait surgir des carences auparavant inconnues se traduisant en particulier par la généralisation des caries dentaires. Des chats nourris exclusivement de viande cuite tombent malades et dégénèrent.

b) L'alimentation lacto-végétarienne

Si le seul point délicat pour le végétalien, sur un strict plan de nutrition, est l'établissement de sa ration minimale en azote, pour le « **lacto-végétarien** », au contraire (qui inclut, dans son alimentation, **produits laitiers et œufs), aucune carence protidique n'est réellement à craindre** ; les produits laitiers et les œufs contiennent, en effet, les principaux acides aminés, dans des proportions qui les rendent assimilables presque en totalité.

Rappelons que l'apport en lipides et glucides est facilement assuré dans une alimentation végétarienne, à condition, bien sûr, que l'ensemble de la ration alimentaire soit suffisant ; sur le plan calorique, seule une quantité suffisante de glucides permet d'épargner les protéines qui, nous l'avons vu, sont réservées à la réfection des tissus et éventuellement à la croissance ou au développement de l'embryon chez la femme en état de gestation ; cette fonction ne peut être assurée par les lipides.

La réversibilité à laquelle il a été fait allusion précédemment, tendait à montrer la souplesse extraordinaire du fonctionnement organique ; cependant, un apport équilibré des trois éléments de base est nécessaire pour maintenir un état physiologique satisfaisant ; tous les végétaux comestibles ne comportent-ils pas, dans des proportions très différentes, protides, glucides, lipides, intimement liés dans une structure unique et originale ?

L'apparition de carences ne peut résulter que d'erreurs alimentaires constantes : sous-alimentation prolongée, suralimentation désorganisatrice, mauvaise qualité des produits. La ration alimentaire des populations qui pratiquent le végétarisme traditionnel, lorsque la disette ne règne pas, comporte généralement dans un même repas ou dans un même plat, **l'association d'une céréale et d'une légumineuse**.

Les habitants du sud-est de l'Inde pratiquent un régime lacto-végétarien qui couvre parfaitement les besoins en protéines sans comporter de viande. En Afrique, les habitants de certaines régions consomment habituellement de la farine de maïs mise à tremper la veille et légèrement fermentée le lendemain, rendue ainsi plus digeste grâce aux enzymes qui s'y sont développés au cours de la nuit (on ajoute à cette farine de petits haricots secs). Le tryptophane, l'un des huit acides aminés indispensables, est absent du maïs mais abondant dans les haricots ; d'autres céréales (sorgho), des fruits, des légumes et des plantes très variées sont également consommés.

c) Les céréales

Les légumineuses, que certains écartent complètement parce qu'elles sont peu digestes, ne devraient de toute façon constituer qu'une faible proportion de la ration azotée. Il convient de préciser que les peuples qui les utilisent quotidiennement, ne sont pas des sédentaires en état de surcharge constante, comme c'est le cas de la plupart des Occidentaux ; par ailleurs, les modes de préparation utilisés les rendent parfaitement digestes et assimilables ; en Afrique du Nord, et au Moyen-Orient, les pois chiches sont grillés et réduits en farine ; le maïs qu'utilisent les Mexicains pour confectionner les « tortillas » est trempé dans de l'eau de chaux dont l'action alcalinisante libère la vitamine PP, qui resterait inassimilable sous forme de nyacitine.

Les variétés anciennes de maïs aujourd'hui disparues qu'utilisaient les Indiens d'Amérique (Incas), étaient plus riches en protéines que celles qui sont actuellement cultivées. On trouve donc les associations suivantes : en Asie, riz-soja, en Amérique du Sud, maïs-haricot. Les pays tempérés disposent de ressources très abondantes en lait grâce à l'élevage ; les produits laitiers que nous pouvons obtenir satisfont largement les besoins en protéines sans recourir à la viande ; il faut encore que la digestion et l'assimilation de ces produits soient convenablement réalisées.

Pour cela, les **céréales** exigent un mode de préparation adéquat : **pour être digestes, elles doivent être bien cuites** ; le blé, l'épeautre, l'orge sont longs à cuire ; il faut parfois les laisser tremper toute une nuit avant la cuisson ; le riz, le millet, le sarrasin sont beaucoup plus faciles à préparer. Les céréales sous forme de farine ne sont digestes également qu'après une cuisson suffisamment prolongée ; le maïs en particulier exige une bonne cuisson. Le maltage et la dextrinisation rendent les céréales plus assimilables (2).

d) Autres sources végétales de protéines

D'autres aliments végétaux sont capables de fournir des protéines ; l'apport azoté des légumes tels que les carottes, les navets, les artichauts, les épinards, n'est pas négligeable ; mais ce sont surtout les fruits secs oléagineux, en coque (noix, amandes, noisettes) qui sont très riches en protides. Il n'est donc pas question de substituer purement et simplement les oléagineux à la viande en vue d'y trouver la même quantité de protéines : la quantité de corps gras ingérés serait excessive. Les pruneaux séchés, les dattes et surtout les figues sèches sont également pourvus en protides.

Les végétaux, en particulier les céréales, légumineuses, et fruits oléagineux, contiennent des protéines, mais chacune de ces catégories est néanmoins carencée en acides aminés essentiels ; cela signifie que le blé, le soja, ou les noisettes pris séparément, ne sauraient fournir à eux seuls les A.A.E. indispensables.

---

2. Voir l'ouvrage de Jean-Luc Darrigol : *Les Céréales pour votre santé* (même collection, Éditions Dangles).

Il convient d'examiner les conditions de l'assimilation protidique par l'organisme d'une manière plus détaillée.

e) L'assimilation

Certains acides aminés sont pratiquement absents et les autres ne seront que partiellement assimilés, à cause de l'insuffisance ou l'absence d'un seul, dans l'aliment donné. Par exemple, si vous consommez du pain complet, seul, carencé en lysine, ce n'est pas seulement la lysine qui fera défaut, mais l'utilisation de tous les autres acides s'en trouvera limitée. La valeur alimentaire du pain que vous avez consommé ne sera pas nulle, bien évidemment ; c'est sur le plan protidique qu'une déperdition aura lieu à cause du seuil imposé par la carence d'un seul acide aminé qu'on dira « limitant » : le surplus non assimilé sera oxydé et utilisé comme aliment énergétique, fourni normalement par les hydrates de carbone et les acides gras des lipides.

Si ce même pain est consommé avec du fromage (qui comble la carence en lysine), le taux d'assimilation de tous les autres acides aminés contenus dans la gliadine (gluten ou protéine du blé) est augmenté. Mais il importe qu'ils soient consommés **simultanément**, pour que l'utilisation spécifique de toutes les protéines ait effectivement lieu comme cela vient d'être indiqué.

En effet, les acides aminés s'épuisant dans l'organisme en quelques heures, il convient de les associer dans une même prise alimentaire pour qu'ils soient utilisés au maximum. Cet exemple est particulièrement simple et ne va pas à l'encontre de l'excellente habitude de consommer conjointement pain et fromage. L'analyse donne raison à l'usage, et en réalité, personne ne souhaite manger son pain sec s'il lui est possible de l'associer à un autre aliment. Néanmoins, d'autres associations moins connues seront indiquées ; on pourrait remarquer que le pain beurré apporterait principalement à l'organisme des glucides et des lipides ; les protéines du pain complet sont en partie inassimilées en tant que telles, même chose si ce pain est accompagné de confiture ou de miel qui apportent surtout du sucre. Si la tranche de pain est consommée avec du fromage, des noix ou des noisettes, ou même tartinée avec de la pâte d'arachide, le taux d'assimilation des protéines remonte. Si, enfin, ce pain est accompagné de fèves comme c'est l'usage en Égypte, par exemple, ou de soja sous une forme quelconque, l'utilisation protidique de ces deux aliments est satisfaisante.

En conclusion, pour le végétarien, la protéine végétale gagne à être « *complémentée* » par un autre aliment, soit d'origine végétale (céréales, légumineuses, fruits oléagineux) susceptible de fournir des protéines dans des proportions appréciables, soit encore d'origine animale (lait, fromage, œufs).

4. Les sous-produits d'origine animale

Il ne paraît pas possible, comme le prétendent certaines écoles végétaliennes, d'exclure non seulement la viande mais encore les sous-produits animaux, c'est-à-dire les **œufs**, les **laitages** et le **miel**, sous prétexte qu'à l'origine ils ne sont pas destinés à l'homme ; le miel est la réserve de l'abeille, le lait, la nourriture du veau et l'œuf, un embryon destiné à la formation du poussin. Mais les végétaux eux-mêmes sont-ils bien destinés à l'homme ?

On remarquera simplement que des régimes alimentaires peuvent être viables sans les sous-produits animaux, mais demanderaient alors à être particulièrement bien menés ; sous nos climats, est-ce vraiment réalisable ? Il semble qu'à partir de l'exclusion de la viande on soit arrivé, par pur raisonnement, à rejeter tout ce qui était animal ; or, personne ne nourrit son corps de raisonnements.

Parmi tous les aliments, l'œuf est celui qui présente la plus haute teneur en acides aminés essentiels, et permet donc une utilisation maximale des protéines qu'il contient lui-même ou de celles des aliments qu'il accompagne ; la richesse de l'œuf en protides et sa propriété d'élément constructeur, se conçoivent aisément si l'on considère qu'il comporte toutes les substances nécessaires au développement d'un organisme vivant, alors que la viande est une substance déjà construite, usée et chargée de déchets.

Le lait et les fromages ne comportent pas, non plus, d'acides aminés limitants et constituent donc une source protidique essentielle ; dans ce cas également, songeons que le lait est l'aliment unique qui suffit à édifier l'organisme du nouveau-né, sans autre apport. Les œufs, le lait et le fromage peuvent tout complémenter, en particulier les céréales qui, nous l'avons vu, doivent être additionnées d'une autre source protidique pour être convenablement utilisées.

Pour les végétaliens, il faudrait trouver entièrement la ration d'azote dans les produits végétaux ; cela paraît difficile, et même dangereux pour les enfants, dont le premier aliment constructif est le lait maternel : ils en ont, en effet, un besoin impérieux pendant toute la période de croissance.

5. La principale source de protéines d'origine végétale

Les céréales contiennent de 6 à 16 % de protéines : blé (13 %), seigle (9 à 14 %), orge (10 à 16 %), millet (7 à 16 %), maïs (7 à 13 %), avoine (8 à 14 %), riz (8 à 10 %), sarrasin (6 %).

Il convient de considérer le mode d'utilisation pratique des céréales que nous avons indiquées comme sources importantes de protéines.

a) Le blé

Il contient 13 % de protéines dont on bénéficiera à condition de le consommer complet, une partie des éléments azotés se trouvant dans la cuticule et une autre dans le germe qui comporte par ailleurs des vitamines (B), des oligo-éléments (phosphore, magnésium, etc.).

— Le **pain complet** : il est fabriqué avec de la farine biologique, condition de sa qualité, puisque les pesticides se concentrent dans l'enveloppe de la graine, ce qui rend impérieux un mode de culture naturel et un stockage réalisé sans produits toxiques ; l'utilisation du levain est également indispensable si l'on veut éviter qu'il soit acide et déminéralisant.

— Les **flocons** : les graines sont écrasées et précuites ; on les consomme trempées dans du lait, accompagnées de fruits secs ou frais ;

c'est le fameux « muesli ». On peut également les utiliser sous forme de soupe, avec des légumes, en biscuits ou en gâteaux ; les galettes sont confectionnées avec des pétales ou du blé grossièrement moulu, des olives, de la farine de soja, des oignons, des légumes et des aromates divers. Le blé sous toutes ses formes constitue une base alimentaire irremplaçable. Les protéines sont présentes dans le gluten qui rend la farine de pain panifiable. Les blés de « force » sont d'une haute valeur boulangère à cause de la qualité de leur gluten. Parmi les blés présentant cette qualité, on remarquera particulièrement les blés Lemaire. Le blé est bien pourvu en A.A.E., excepté en lysine qui est le facteur limitant de la gliadine, mais la complémentation du blé est aisée : la lysine est abondante dans l'œuf, le lait, le fromage, les légumes secs, la levure de bière.

Autres formes d'utilisation du blé : pâtes complètes, semoules, boulghour, blé prégermé et concassé dont la préparation est très rapide.

— Le **blé germé** : les analyses du blé germé font apparaître un accroissement extraordinaire des substances nutritives contenues normalement dans le grain de blé : voilà un moyen de corriger les A.A.E. limitants du blé. Les teneurs en minéraux augmentent aussi considérablement, le calcium passe de 40 mg dans le pain complet à 90 dans le blé germé, le magnésium de 130 à 400 mg, le phosphore de 390 à 1 100 mg. L'augmentation des teneurs en vitamines est tout aussi extraordinaire, en particulier pour les vitamines B ; on obtient la **germination** du blé en étalant des grains de blé dans une soucoupe ; le blé doit baigner dans l'eau ; deux jours plus tard, on voit apparaître un point blanc sur l'un des sommets de la graine, ce qui indique que la germination s'est produite ; on aura pris soin de changer l'eau devenue trouble. Une cuillère à soupe par personne apporte une quantité appréciable d'oligo-éléments et de vitamines qui peuvent faire défaut, surtout en hiver. L'épeautre est une sorte de blé dont la balle adhère au grain et qui peut être cuit en grains comme le riz.

*

* *

b) L'orge

Très riche sur le plan protéinique, l'orge peut être consommée sous différentes formes : **orge perlé** (c'est-à-dire poli), ou bien **orge mondé**, plus intéressant puisque plus complet car, dans ce cas, l'enveloppe du grain subsiste partiellement. Les Ardéchois consommaient quotidiennement une soupe à base d'orge mondé ; l'orge est à la fois un aliment très nutritif, au même titre que le blé, mais aussi très léger et très rafraîchissant. L'orge est rendue plus assimilable par le maltage qui consiste à faire germer les graines et à les torréfier.

L'orge peut être également présentée sous forme de **flocons** qu'on utilisera pour les petits déjeuners et les potages.

Lait d'orge : pour le préparer, on fait bouillir de l'orge en grains dans de l'eau en agitant jusqu'à obtenir un liquide de couleur rosée. Ce liquide passé à travers une gaze et sucré sera donné aux enfants qui ne tolèrent pas le lait.

c) Le millet

Cette petite graine de la même famille que le sorgho africain, qui était traditionnellement cultivée en Europe depuis la Gaule, est actuellement peu consommée, hélas ! en effet, elle est plus nutritive que le blé et le riz du point de vue des protéines ; le millet est très digeste ; il cuit rapidement ; on le consomme le plus souvent accompagné de légumes.

Le millet existe aussi sous forme de **flocons** et de **semoule**. Grâce à sa haute teneur en phosphore et en magnésium, c'est un aliment de choix pour le système nerveux.

d) Le riz

Sans constituer, comme en Asie, la base alimentaire, le riz est néanmoins un aliment important pour le végétarien qui le consommera **complet** ou **demi-complet**. A condition d'être suffisamment mâché, le riz est la plus assimilable des céréales, donc l'une des plus nutritives. Les éléments entrant en ligne de compte dans l'évaluation alimentaire d'un produit sont, d'une part, sa richesse nutritive intrinsèque, d'autre part sa digestibilité qui dépend de l'aliment lui-même, de la préparation qu'on lui a fait subir et des autres aliments qui sont consommés en même temps et qui peuvent en favoriser ou en contrarier l'assimilation.

Cuisson du riz complet : le riz est recouvert d'une quantité égale d'eau ; une demi-heure de cuisson sera suffisante, mais il faudra le laisser encore quelques minutes dans la casserole couverte où il achèvera d'absorber l'eau restante et de gonfler.

e) Le sarrasin

Bien que botaniquement le sarrasin ne soit pas une céréale, mais une polygonacée, sa composition et ses possibilités d'utilisation font qu'on l'appelle aussi **blé noir**.

Le sarrasin se caractérise par son extraordinaire richesse en calcium, en substances amylacées et en A.A.E. (histidine, arginine, méthionine et lysine) : ces éléments, auxquels s'ajoutent phosphore et magnésium, font de lui un aliment très recommandé pour les enfants, puisqu'il est à la fois constructeur et énergétique. On remarquera que l'assimilation des protéines des céréales est favorisée par la présence d'amidon dont l'apport calorique fournit l'énergie nécessaire au catabolisme protidique. Le sarrasin est utilisable en grains qui cuiront rapidement et accompagneront des légumes, choux et carottes par exemple. Les grains sont parfois grillés, c'est ce qu'on appelle le **kasha**.

La **farine de sarrasin** est utilisée pour la préparation des crêpes, traditionnelles dans l'ouest de la France et le sud du Massif central. Il existe également des **flocons** de sarrasin qui permettent de préparer d'excellents potages.

f) L'avoine

L'avoine est actuellement surtout consommée sous forme de **flocons**, au petit déjeuner : c'est le porridge des Écossais ; l'avoine est très énergétique grâce à sa richesse en hydrates de carbone et en lipides ; l'avoine est très adaptée à la période froide et aux efforts physiques.

g) Le maïs

Le maïs est surtout remarquable par sa richesse en hydrates de carbone ; son apport protéique est limité par le manque de tryptophane, considéré comme A.A.E. limitant dans ce cas ; le lait et le soja en sont riches et seront heureusement associés au maïs. Il est principalement utilisé sous forme de **semoule** ou **polenta**. Il est parfois consommé en **épis** avant d'avoir atteint sa maturité complète. Il peut également se présenter sous forme de farine et constitue encore aujourd'hui la base alimentaire de nombreuses régions d'Amérique latine (« tortillas » des Mexicains).

Le maïs, carencé en tryptophane, sera bien complété par le soja et le lait ; les acides aminés soufrés, qui sont faibles dans ces deux derniers produits, seront fournis par le maïs qui en contient abondamment ; un plat comprenant du maïs, un peu de soja et du lait ou du fromage, aura un taux d'utilisation des protéines élevé.

h) Le seigle

Principalement utilisée pour la fabrication de pain, parfois en mélange avec de la farine de blé, cette céréale est également excellente sous forme de **flocons**. La **farine** de seigle entre dans la composition du pain d'épices. Rappelons que le seigle a la propriété de fluidifier le sang et de décongestionner le foie.

i) Autres sources

— Les **légumineuses** (soja, lentilles, haricots secs) rejetées par certains végétariens, présentent malgré tout, une richesse appréciable en acides aminés non synthétisables par l'organisme ; si on les élimine, **il faudra obligatoirement recourir aux œufs et aux produits laitiers**, dans l'établissement d'un régime végétarien qui permette une activité suffisante pour l'adulte et une croissance normale pour l'enfant. Les légumineuses, rappelons-le, sont traditionnellement associées aux céréales.

— Les **fruits oléagineux** (noix, noisettes, noix de cajou, amandes, olives, etc.) ne peuvent, bien sûr, assurer à eux seuls une ration protidique correcte : s'ils sont riches en tryptophane et en acides aminés soufrés, ils sont pauvres en isoleucine et en lysine. De plus, leur teneur extrêmement élevée en acides gras, en limite la consommation.

On risquerait de graves carences en nourrissant un enfant exclusivement avec du lait d'amande, en remplacement du lait maternel ou d'origine animale ; le métabolisme d'ensemble serait perturbé par la surcharge en corps gras, l'amande étant très riche en huile.

6. Richesse en protéines de quelques aliments
(d'après Lucie Randoin).

PRODUITS (pour 100 g)	**PROTIDES** (en grammes)	**PRODUITS** (pour 100 g)	**PROTIDES** (en grammes)
Viandes :		**Lait :**	
Bœuf	16 à 19	De femme	1,2
Cheval	21	De vache :	
Mouton	16 à 18	— entier	3,5
Veau	19	— écrémé	3,5
Porc	15 à 17	— condensé	8
Charcuterie	14 à 25	— poudre	25
Gibier	20 à 28	Yaourt	3,4
Volaille	17 à 22	Crème	3
Poissons :		Beurre	0,7
D'eau douce	16 à 22	**Fromages :**	
De mer	15 à 25	Blanc	8 à 9
Crustacés	15 à 21	Sec	10 à 20
Œuf :		Fermenté (moyenne)	15 à 31
Entier	13	Camenbert	20
Jaune	16	Cantal	23

PRODUITS (pour 100 g)	PROTIDES (en grammes)
Pressé et cuit	29
Emmenthal	28
Comté	30
Gruyère	29
Parmesan	40
Bleu	24
Roquefort	23
Chèvre	16 à 33
Céréales :	
Avoine :	
— grains	12
— flocons	14
Blé :	
— grains	10,5
— maïs	9,5
— millet	11
— orge	11
— perlé	8,5
Riz :	
— brun	8
— poli	7,6
Sarrasin	10,5
Seigle	11
Sorgho	10,6
Germe de blé	25,2
Germe d'orge	28,6
Farines :	
Blé (taux d'extraction) :	
— à 98 %	10,5
— 80 à 95 %	10
— 70 à 75 %	9,5
Maïs	9,5
Orge	11,5
Riz	7,5
Sarrasin complet :	
— taux à 70 %	6,4
Seigle	
— 98 %	11
— 80 à 95 %	10
— 70 à 75 %	9,5
Son de blé	12,7 à 13
Pain blé complet :	8
— 85 %	7
— blanc	7
— seigle	7
Biscotte blé	10
Pain d'épice	7 à 10
Semoule et pâtes :	
— sèches	12,8
— cuites	5,1
Biscuits, pâtisseries (moyenne)	5,2 à 8
Légumes, végétaux :	
Ail	6,7
Artichaut	3,5
Asperge crue	2,2
Asperge cuite	2,4
Aubergine	1,3
Bette (feuilles)	2
Betterave rouge :	
— crue	1,6
— cuite	1,6
Carotte :	
— crue	1,2
— cuite	0,6
Céleri (feuille) :	
— crue	1,3
— cuite	1,3
Céleri-rave (racine)	2
Cerfeuil (feuille)	3,6
Champignon :	
— conserve	1,4

PRODUITS (pour 100 g)	PROTIDES (en grammes)	PRODUITS (pour 100 g)	PROTIDES (en grammes)
— de couche	4	Pissenlit	2,7
Chicorée frisée	1,6	Pois vert :	
Chou :		— cru	6
— frais	1,4	— cuit	4
— cuit	1,4	Poireau	2
— brocolis	2,5	Poivron	1,2
— choucroute	1,4	Pomme de terre :	2
Chou de Bruxelles	4	— frites	5
Chou-fleur	2,4	— chips	6,7
Chou rouge	1,9	Pourpier	1,9
Citrouille	1,3	Radis	1,2
Concombre	0,7	Raifort	3
Cresson	1,7	Rutabaga	1,2
Échalote	1,3	Salsifis	4
Endive	2,3	Scarole	1,5
Épinard :		Scorsonère	1,5
— cru	2,3	Tomate	1
— cuit	3,1	Topinambour	1,9
Fenouil	1,9		
Fève	5,4	**Légumes secs :**	
Haricot vert :		Fève	23
— cru	2,4	Haricot	19
— cuit	1,4	Lentille	24
Laitue	1,2	Pois sec	23
Mâche	2,5	Pois cassé	22
Melon	0,8	Pois chiche	18
Navet :		Soja (grains entiers) :	
— feuille	2,9	— secs	35
— racine	1,1	— fermenté	17
— cuit	0,8	— farine	38
Oignon :		— lait	3,4
— cru	1,4	— germé	6
— cuit	1	Tournesol	27
— vert	0,9	Manioc tapioca	1,5
Ortie	5,5	Patate (au four)	2,2
Oseille	2,6		
Panais	1,7	**Fruits :**	
Persil	3,7	Abricot frais	0,8
		Abricot sec	4

PRODUITS (pour 100 g)	PROTIDES (en grammes)	PRODUITS (pour 100 g)	PROTIDES (en grammes)
Actinidia	1,6	Prune	0,8
Airelle	0,2	Pruneau	2,3
Ananas	0,5	Raisin frais	1
Banane fraîche	1,4	Raisin sec	3
Banane séchée	4,2	Rhubarbe	0,5
Brugnon	0,7	**Oléagineux et farineux :**	
Cassis	0,9	Amande	20
Cerise	1,2	Arachide :	
Citron	0,7	— fraîche	13
Coing	0,4	— en coque	18,2
Cynorrhodon	4	— en beurre	28
Datte	2,2	Châtaigne :	
Figue fraîche	1	— fraîche	4
Figue séchée	4,2	— sèche	7,4
Fraise	0,7	Noisette	14
Framboise	1	Noix	15
Groseille	1	Noix de cajou	19
Mandarine	0,8	Noix du Brésil	16
Mûre	0,9	Noix de coco	4
Myrtille	0,5	Olive verte	0,7
Nèfle	0,4	Olive noire	1,5
Orange	0,7 à 1,5	Pignon	12,5
Pamplemousse	0,6	Pistache	21
Papaye	0,6	**Fruits exotiques :**	
Pastèque	0,4	Avocat	1,7
Pêche fraîche	0,5	Mangue	0,4
Pêche séchée	3,5	**Levure de bière**	12
Poire fraîche	0,4	**Levure alimentaire**	45
Poire séchée	1,8		
Pomme fraîche	0,3		
Pomme séchée	1,4		

CHAPITRE IX

Le régime de transition

1. Tableau pratique pour faciliter la transition au végétarisme

La première opération pour établir une réforme alimentaire, pour soi ou sa famille, consiste à tracer un **tableau des aliments** qui sont consommés, dans le plus grand détail, et cela sur une période suffisamment longue et représentative, une semaine par exemple. Ce moyen, utilisé par les conseillers en nutrition, est très efficace ; il est également utile de l'employer pour l'établissement et l'amélioration de son régime personnel.

Ce tableau fera apparaître très nettement les aliments qui sont consommés en quantité suffisante ou, au contraire, excessive et ceux qui sont presque totalement absents. Ce genre de notation ne doit pas être effectuée constamment : ce serait pure manie sans intérêt réel ; l'important est de restituer une connaissance vraie de ses propres besoins.

On établira donc un premier tableau avant d'entreprendre une réforme alimentaire, et quelques mois plus tard, une fois celle-ci entamée, un second sera dressé comme moyen de comparaison.

Voici les indications qui pourraient être portées sur ce tableau, pour une journée.

Repas	Heure	Composition détaillée	Mode de préparation	Boissons, tabac, médicaments	État d'esprit	Effets digestifs et autres
Petit déjeuner						
Repas de midi						
Goûter						
Repas du soir						

Il importe que chaque colonne soit remplie soigneusement et avec précision.

Il ne suffirait pas de porter, par exemple, « viande », mais il convient de préciser quelle sorte de viande (poulet, bœuf, etc.) ; la quantité de graisse contenue est très variable, comme la teneur en purines, selon qu'il s'agit de viande blanche ou rouge, cette dernière étant beaucoup plus chargée en toxines ; indiquez aussi la **préparation** : adjonction d'un corps gras, sauce, grillade ; notez la présence d'additifs, s'il y a lieu, en particulier pour les produits qui en contiennent beaucoup, telles la buiscuiterie ou la charcuterie industrielles ; essayez de bien en observer les effets sur vous et sur vos enfants, qui y sont très sensibles, ce que vous inscrirez dans la colonne « **effets digestifs et autres** ». La provenance des aliments est également importante à mentionner : grande surface, épicerie, magasin diététique, marché, etc. Précisez aussi s'il s'agit de légumes frais, de conserve, surgelés, de qualité courante ou biologique. Vous indiquerez pour le pain, s'il est complet ou blanc en spécifiant si la farine est de qualité biologique ou non.

Toutes les boissons, tous les aliments consommés au cours de la journée, pendant les repas ou en dehors, seront portés sur le tableau.

Chacun a pu expérimenter que la bonne digestion d'un repas dépendait non seulement de sa composition, mais aussi des éléments de tout ordre qui perturbent le fonctionnement normal de l'appareil digestif : appétit, contrariété, calme ou tension. C'est la signification de la colonne « **état d'esprit** ». Il est évidemment absurde et inutile de recommander à des personnes tendues, de ne s'alimenter que si elles jouissent d'un calme intérieur parfait, mais on peut agir sur la manière d'aborder les repas, en s'efforçant d'y introduire une certaine harmonie qui inclura la composition, la présentation, mais aussi le cadre général. L'attitude envers les aliments sera différente si l'on sait qu'ils sont de bonne qualité, qu'ils ont été produits par des hommes qui ont le goût de leur métier et préparés ensuite de manière à ne pas les dénaturer. Un cadre désagréable, négligé, désordonné à l'excès est certainement défavorable au repas comme à toute autre occupation. Il vaut mieux éviter les salles de restaurants bruyantes et enfumées.

Il est utile de noter les effets qu'une prise alimentaire a pu provoquer (digestion difficile, lourdeur), en déterminant quels aliments ou quel mélange d'aliments en sont la cause. C'est par cette observation qu'il sera possible de mettre en place peu à peu une nouvelle manière de s'alimenter. Il s'agit d'élaborer un **régime de transition.**

La consommation de viande sera progressivement réduite ; celle-ci peut être déjà limitée ou, au contraire, considérable (viande aux deux repas principaux). Dans ce cas, on commencera par réduire cette consommation à un seul repas ; une réorganisation générale de l'ensemble fera n'en consommer qu'une fois par jour, sans difficulté, puis deux ou trois fois par semaine, pour parvenir à la suppression complète, si tel est le but recherché.

L'introduction, dans l'alimentation, de produits nouveaux, préparés de manière à leur conserver toute leur valeur nutritive, répondra aux besoins.

2. Plan alimentaire d'un régime de transition

a) Au début

Un changement radical dans le domaine alimentaire ne convient pas à tout de monde ; on peut même affirmer que dans la plupart des cas, une modification progressive est nécessaire et préférable, car les habitudes sont ancrées en nous. Un abandon brutal de celles-ci entraîne psychologiquement une impression de manque et de frustration ; cette impression n'est pas seulement psychologique, mais correspond également à une réalité physiologique, l'organisme n'étant pas instantanément apte à utiliser des aliments nouveaux et inconnus. La réussite repose donc sur un changement en douceur qui sache ménager les transitions.

Pendant les **huit premiers jours** de la réforme alimentaire, on s'efforcera **d'éliminer toutes les prises de nourriture en dehors des repas**, à l'exception des boissons sous forme d'eau à condition qu'elle soit peu minéralisée (de Volvic, par exemple).

Au cours des **huit jours suivants**, la ration alimentaire comportera une quantité de légumes crus et de fruits plus conséquente ; la proportion de la viande diminuera, ainsi que celle des mets sucrés ; en même temps seront éliminées les charcuteries et les sauces qui sont souvent la cause des digestions difficiles ; devront disparaître également l'alcool, le tabac et le café. Une bonne formule consiste, dans un premier temps, à **éliminer du repas du soir, viande, poisson, ou jambon** ; au repas de midi, on préférera à la viande ou au poisson en sauce, les grillades et le poisson au court-bouillon ; aux hors-d'œuvres faits de charcuterie, de sardines, de thon en conserve, ou d'œufs durs mayonnaise, on substituera une grosse salade variée relevée d'aromates divers.

L'essentiel est de réduire très progressivement la consommation de viande pour parvenir à ne prendre qu'une ou deux fois par semaine, un peu de viande grillée (poulet) ou encore du poisson au court-bouillon. On veillera en même temps à réduire tous les produits raffinés auxquels on préférera une alimentation issue de culture biologique ; on utilisera plus largement les huiles vierges de première pression à froid, les crudités, les aromates, les céréales complètes ; on remplacera le sel blanc raffiné par le sel gris de mer riche en magnésium, et on introduira des compléments alimentaires, tels que le germe de blé, la levure alimentaire, des graines germées fraîches de diverses sortes : alfalfa, fenugrec, etc.

S'il est nécessaire de faire une cure de désintoxication ou de perdre du poids, on pourra aussi, de temps en temps, sauter un repas, celui du soir par exemple, ou bien ne consommer, au cours d'une journée, que des fruits de saison, doux et bien mûrs.

b) Plan alimentaire échelonné sur un mois

Si l'on décide de changer d'alimentation, on concentrera, au cours de la **première semaine**, toute son attention à ne **rien prendre entre les trois repas**, à l'exception d'eau ou de thé très léger non sucré, ou d'infusion sans sucre. Les boissons telles que soda, sirop, bière, café doivent être éliminées, ainsi que les bonbons, le chocolat ou les gâteaux. Les enfants et les travailleurs de force ont souvent besoin d'un goûter qui peut consister en pain, fromage et fruits secs.

Pendant la **deuxième semaine**, tout en continuant à ne rien manger entre les repas, on portera un intérêt particulier au **repas du soir** : on en écartera viande, poisson et charcuterie pour utiliser des aliments de qualité biologique. Voici quelques types de menus pour le soir, établis en fonction des produits disponibles pendant les saisons considérées :

Hiver

— Bouillon de légumes avec persil haché cru, levure alimentaire ; gratin de courges avec fromage râpé ; tarte aux pommes.

— Ou salade de laitue avec radis noir râpé, avocat en lamelles, échalote hachée, huile de tournesol, sel non raffiné + germe de blé ; tourte aux champignons ; 1/4 de fromage de vache fermier mi-sec.

— Ou potage au cresson ; gratin de pommes de terre avec levure ; clafoutis aux poires.

Printemps

— Salade variée avec carottes râpées, persil, ciboulette ; pommes de terre au four avec thym et huile d'olive ; fromage blanc aromatisé à la vanille.

— Ou potage aux orties ; soufflé au fromage ; compote de pommes aux pruneaux.

— Ou salade de laitue, radis roses, persil, ciboulette ; courgettes au four ; fromage + pain.

Été

— Salade variée de saison avec aromates ; soufflé de courgettes ; flan aux algues.

— Ou salade verte, carottes râpées, persil, oignon frais haché ; tomates à la provençale ; fromage blanc.

— Ou salade variée ; pommes de terre, haricots verts ; clafoutis aux cerises.

Automne

— Velouté aux champignons ; carottes ; pommes au four.

— Ou salade verte, betterave rouge râpée, échalote hachée, huile de tournesol ; gratin de pommes de terre ; fromage + pain.

— Ou salade d'endives, pommes reinette, échalotes hachées, noix ; gratin de bettes ; fromage + pain.

Au cours de la **troisième semaine**, tout en continuant à suivre les indications données précédemment en ce qui concerne les repas du soir et en veillant à ne pas manger en dehors des repas, on portera spécialement son attention sur le **petit déjeuner**.

On prendra, au lever, un jus de fruit ou de légume de saison et, 1/4 d'heure plus tard, un petit déjeuner varié sans café au lait. On pourra utiliser du pain bis ou de seigle, du beurre végétal (ou beurre animal pour les enfants), une boisson chaude (infusion de thym, de romarin, de sarriette, ou thé léger). On y ajoutera soit du fromage blanc vanillé, soit des flocons de céréales sucrés au miel avec noisettes ou amandes, soit des fraises. Selon la saison, on variera les fruits ; l'été, on préférera le yaourt au fromage blanc ou aux céréales ; l'hiver, on mangera des céréales et des fruits oléagineux.

La **quatrième semaine** sera une révision du **repas de midi** : on préférera toujours une grande salade variée avec aromates + levure alimentaire ou germe de blé + un légume de saison cuit avec céréales complètes (riz complet, millet, sarrasin, boulghour, pâtes complètes) + pain et fromage. On remarquera qu'au cours de ce repas, les céréales sont introduites comme plat de résistance ; en effet, elles conviennent mieux au repas principal plutôt qu'à celui du soir, parce qu'elles sont très énergétiques.

Exemples de repas de midi :

— Salade verte + tomates avec quelques olives, persil, ciboulette, huile d'olive, levure alimentaire ; haricots verts avec graisse végétale à base d'amandes ou de noisettes + persil ; galettes d'orge ou flocons mélangés ; pain et fromage.

— Ou salade variée : carottes râpées, choux rouges et pommes reinette, levure alimentaire ; gratin de courges + millet (aromatisé avec de la noix de muscade et de l'huile de sésame) ; fromage mi-sec.

— Ou salade variée + germe de blé ; courgettes farcies au riz + herbes de Provence ; gâteau ou fromage.

On notera aussi que tous les repas commencent par des aliments crus qui, seuls, ne provoquent pas la « leucocytose digestive », causée par les aliments cuits ou, à plus forte raison des aliments de conserve ou de mauvaise qualité. Cet afflux de globules blancs au moment de l'ingestion d'aliments indique que l'organisme semble se défendre contre une agression ; or cette réaction ne se produit pas si l'on commence le repas par des produits crus (fruits ou légumes). Pour cette raison, il est très bénéfique d'ajouter systématiquement des aliments crus sur un mets cuit, de façon à lui apporter les diastases détruites par la cuisson.

Il ne faut pas en conclure que l'aliment cru est forcément plus digeste ; pour un organisme convalescent, fragile ou non entraîné, il peut être très irritant même s'il a un potentiel vibratoire supérieur. Par ailleurs, l'organisme humain fait toujours un effort pour humaniser les aliments qu'il reçoit, afin qu'ils deviennent sa propre substance ; selon la pensée anthroposophique, cet effort d'appropriation d'une substance qui lui est étrangère, est nécessaire et bénéfique, à condition qu'il y ait adéquation entre l'effort nécessaire d'assimilation et les capacités de l'organisme.

3. Tableau d'utilisation pratique

Désignation	Volume d'eau	Temps de cuisson	Température de l'eau	Gonflage	Mode de consommation et de préparation
Blé en grain et épeautre	6 fois le volume	4 heures à feu doux	Tiède	Avant cuisson	En grain, se consomme comme le riz ; se reporter au paragraphe sur la germination.
Blé en flocons	Recouvrir	Quelques minutes ou faire gonfler, cru	Tiède ou chaude	Après cuisson	*Galettes :* faire une pâte avec des olives, des aromates. *Muesli :* avec des fruits secs ; miel.
Blé sous forme de boulghour	2 fois le volume	5 à 10 minutes à feu doux	Bouillante	Après cuisson	Avec des légumes. Pour préparer du *taboulé*, on fait tremper dans l'eau bouillante pendant 2 heures sans chauffer. Se consomme froid, en salade.
Semoule de blé	3 fois le volume	10 à 15 minutes	Bouillante ou à la vapeur		Semoule avec des légumes variés, ou sucrée, avec des raisins secs.
Millet	3 fois le volume	20 minutes à feu doux	Froide		Avec carottes, courgettes, sous forme de galettes, etc.
Semoule de millet	Selon la consistance désirée	10 à 15 minutes	Froide		Sous forme de potage.

Désignation	Volume d'eau	Temps de cuisson	Température de l'eau	Gonflage	Mode de consommation et de préparation
Flocons de millet	Recouvrir	Quelques minutes	Chaude		En potages. Quelques cuillerées dans les soupes de légumes.
Orge perlé	3 fois le volume	15 minutes à feu doux		Faire gonfler 4 heures avant cuisson	En potages, accompagné de légumes.
Orge mondé	3 fois le volume	20 minutes à feu doux		Laisser tremper une nuit avant cuisson	Même chose que pour l'orge perlé.
Sarrasin en grains	3 fois le volume	15 minutes à feu doux	Froide	Oui	A préparer avec des légumes : carottes, choux.
Sarrasin grillé ou kasha	3 fois le volume	10 minutes à feu doux	Froide	Oui	Même préparation que le sarrasin en grains.
Flocons de sarrasin		5 à 10 minutes	Bouillante		Se consomment en potage (velouté) ; quelques cuillerées dans une soupe de légumes.

Désignation	Volume d'eau	Temps de cuisson	Température de l'eau	Gonflage	Mode de consommation et de préparation
Maïs : semoule ou polenta	Recouvrir d'eau	15 minutes	Bouillante	1/2 heure avant cuisson	Bien complémenter par la farine de soja, le lait et le fromage.
Flocons de seigle	Recouvrir	10 minutes à feu doux	Bouillante	Laisser gonfler quelques minutes	En potage, avec du lait, des fruits frais, du miel.
Flocons d'avoine	Recouvrir	Quelques minutes	Verser dans l'eau bouillante	Laisser gonfler	A consommer en hiver avec du miel ou du sucre roux.
Lentilles	3 fois le volume	1 heure environ à feu doux	Froide	Faire tremper 2 heures ; utiliser l'eau de trempage pour la cuisson	Chaudes avec des légumes. En salade ; en petite quantité, s'allient bien avec les céréales : riz ou millet.
Soja en grains	2 fois le volume	1 h 15 à feu doux			En salade avec des oignons ; en petite quantité, avec une céréale : riz, par exemple.
Pois chiches	3 fois le volume	2 heures à feu doux.		Laisser tremper une nuit avant cuisson	Se consomment avec des légumes ; il est possible de les écraser ce qui les rend plus digestes.

4. Le problème des carences

a) Les vitamines

On observe parfois chez les végétaliens des formes d'anémies qui se traduisent par un manque d'énergie et une frilosité excessive. Il est possible d'attribuer un tel état physique à une carence en **vitamine B_{12}**. Cette anémie s'explique, si l'on considère que cette vitamine joue un rôle essentiel dans la formation des globules rouges et dans la nutrition du système nerveux central ; elle agit aussi au niveau de l'assimilation des sucres et des graisses. Les « lacto-végétariens » ne risquent pas d'en manquer puisque les jaunes d'œufs et les laitages en contiennent abondamment. Mais les végétaux en sont carencés et ne peuvent couvrir les besoins en vitamine B_{12}.

Les végétaliens pourront cependant la trouver, en dehors des sous-produits animaux, en consommant du blé et de l'orge germés ou de la levure alimentaire.

Les végétaux contiennent peu de vitamine B_{12}, mais sont riches en une autre vitamine du complexe B, la vitamine B_2, ou acide folique, à partir de laquelle un intestin en bon état peut synthétiser la vitamine B_{12} ; cette possibilité fait apparaître que le résultat nutritif réel n'est pas une addition, mais plutôt une multiplication ; c'est un processus dynamique. L'analyse des aliments permet de faire apparaître les éléments qui les composent, mais la création et l'assimilation des substances réellement utilisables par l'organisme peuvent être observées seulement *in vivo* ; c'est ainsi que cette vitamine B_{12}, qui manque apparemment dans les végétaux, est fabriquée par le corps lui-même. Or, ce sont précisément les fibres végétales des légumes verts tout particulièrement, qui alimentent les bactéries capables de synthétiser la vitamine en question.

b) La « pompe » organique

Revenons au principe, ou plutôt à **l'image de l'amorçage de la pompe** : un intestin en mauvais état est comparable à une pompe désamorcée ; cet amorçage est important pour passer à un régime végétarien dans lequel l'essentiel de la nourriture est constitué par le végétal. Qui peut amorcer cette pompe, puisant dans l'alimentation ingérée les vitamines et les sels minéraux ? Ce sont principalement des aliments de bonne qualité, combinés d'une manière adéquate. Qui peut la désamorcer ? Les aliments de mauvaise qualité tels que l'alcool, le tabac, les colorants, les additifs ; les dénaturations de toutes sortes, les stress, les médicaments sont autant d'éléments susceptibles de contrarier une assimilation normale.

Nous décrivons ainsi un cercle vicieux montrant que le désamorçage est cumulatif dans ses effets ; une alimentation pauvre en éléments vivants, d'origine végétale, en assimilera très peu : ceux-ci ont donc une fonction à la fois nutritive et fonctionnelle.

c) Toute réforme alimentaire doit être introduite très progressivement

La flore intestinale se transforme lentement pour s'adapter à des aliments nouveaux ou utilisés dans des proportions nouvelles. Ces aliments doivent être introduits dans le régime en **faible quantité, peu à peu augmentée.** Cette manière de procéder est tout spécialement indiquée pour ceux qui consomment pour la première fois les céréales complètes et les végétaux crus : dans un premier temps, l'organisme tend à rejeter ces éléments nouveaux, qui lui sont inconnus, et qu'il n'est pas encore capable d'utiliser ; néanmoins, l'introduction de ces aliments est indispensable et se fera selon un rythme progressif. Un organisme nourri d'aliments artificiels, à dominante carnée, avec une surcharge en graisse animale, en amidon et en sucre, est incapable d'assimiler instantanément une nourriture plus normale composée de végétaux sous différentes formes. Un régime alimentaire riche en fibres végétales agit de plusieurs manières: en favorisant le péristaltisme intestinal, ensuite en alimentant les bactéries qui permettent la synthèse d'éléments nutritifs indispensables, tels que vitamines, enzymes, acides aminés, dont la plupart sont synthétisables.

Il est donc courant que les conditions de l'assimilation d'une alimentation végétale ne soient pas remplies ; c'est même souvent le cas puisque ce sont des difficultés de santé qui conduisent à réviser le mode alimentaire ; c'est en particulier dans ce cas que des mesures de transition sont indispensables pour réamorcer le cycle, les carences devant d'abord être comblées.

Avant de passer à la consommation de végétaux crus, et de céréales complètes qui seraient d'emblée mal tolérés, il sera bon de débuter par des jus de fruits et de légumes qui fourniront des diastases, des vitamines et des sels minéraux nourrissant directement l'organisme et préparant indirectement l'assimilation des autres aliments.

Selon la méthode Mono, l'émulsine, ferment contenu dans l'amande, aide fortement le cycle de l'assimilation à se mettre en route ; de la purée d'amandes pourra être ajoutée aux céréales et aux légumes ; la fermentation bactérienne est un procédé intéressant d'activation ; la teneur en ferments et en vitamines augmente quand le chou est fermenté ; il sera bon alors de consommer un peu de choucroute crue avec de la salade ; celle-ci sera également préparée en mélange avec du yaourt, tout particulièrement de souche *lactobacilus acidophilus*, régulatrice et réparatrice de la flore bactérienne.

Des compléments alimentaires naturels sont précieux lorsque certaines carences sont manifestes (la poudre de prêle en cas de déminéralisation, par exemple) ; les aliments qui perturbent à l'évidence la digestion sont à éliminer en fonction des réactions personnelles : certaines préparations culinaires lourdes commes les graisses cuites, le café spécialement ajouté au lait, en sont des exemples frappants.

d) Sucre et caries

Les végétaux frais, consommés crus, sont bien pourvus en diastases et en minéraux, dont la plupart des enfants manquent ; les **caries dentaires apparaissent dès la naissance**, puisque le nouveau-né subit les carences minérales de sa mère. Il est courant de voir actuellement des enfants dont les dents de lait sont cariées dès leur apparition, et qu'il est de mode d'arracher en totalité, inaugurant ainsi, selon toute vraisemblance, la première d'une série d'opérations à venir. En 1975, 48 % des enfants souffraient de caries dentaires dès l'âge de 3 ans, 74 % dès l'âge de 5 ans, et 97 % dès l'âge de 12 ans. Les sucreries qui leur sont constamment fournies en sont la cause principale ; elles agissent par une attaque externe due aux bactéries nourries par le sucre, sur la dent elle-même. L'état de déminéralisation interne suit, entraîné principalement par l'utilisation de minéraux puisés dans le corps lui-même que le sucre industriel exige pour se transformer en énergie musculaire.

Le « mal au dos », l'écrasement des disques intervertébraux sont si répandus qu'on ne peut douter de la responsabilité de l'alimentation dans ce domaine. Nous savons que le raffinage retire aux céréales une grande partie de leurs minéraux ; le traitement par la stérilisation des légumes ou la cuisson systématique à l'eau, a le même effet, à moins de récupérer les eaux de cuisson, ce qui permet de ne pas perdre les vitamines hydrosolubles (groupe B et vitamine C). Les techniques modernes de l'agriculture fournissent à la consommation, des aliments dont il faut absolument admettre l'incapacité à servir de base à la construction, à l'entretien et au bon fonctionnement du corps humain, pas plus que des planches vermoulues ne conviendraient à l'édification d'une maison : la cause en est leur faible vitalité et leur qualité nutritive réduite. La perturbation interne de ces produits se transmet à l'organisme : excès de potasse, de nitrates, d'un côté, carence en éléments minéraux, trame de la cellule et capteur de l'énergie cosmique, de l'autre.

e) L'osmose avec le milieu naturel

Cette considération montre que l'alimentation artificielle moderne est un élément de rupture avec le « bain » cosmique et place l'homme hors de la nature, laissant dominer sa propre cérébralité comme seul axe. Le message sensible émis par le cosmos n'est pas capté. L'état d'esprit qui a permis la dégradation de la nature et de ses productions, se trouve gravé physiologiquement dans les tissus humains ; aussi, la grande majorité des individus *ne sent rien* quand on détruit les sols, la flore, la faune, l'homme lui-même. Et pourtant, seul un affinement des sensibilités peut réellement renverser ce processus destructeur ; la raison est pour l'accomplissement de cette tâche totalement insuffisante puisque c'est elle qui nous a conduits à l'impasse dans laquelle nous nous sommes engagés ; elle ne peut trouver de solutions, elle est incapable de se mettre à l'unisson du cosmos, de vibrer à son rythme.

Or, nous sommes persuadé que cette perception de la vie naturelle, dont l'homme fait partie, dépend en premier lieu du développement d'une réceptivité qui le met en relation avec la beauté ; la beauté immédiate et toujours présente de la nature fait écho à un sens intérieur capable de vibrer. Qui n'a vu ces personnes bourrées de médicaments, qui semblent placées dans une sorte de gangue isolante ? Les drogues chimiques ont pour effet de réduire la disponibilité intérieure : elles coupent l'individu des sources vivantes et renforcent évidemment sa dépendance par rapport aux moyens artificiels de survie.

Parmi ces facteurs susceptibles de rompre les capacités d'assimilation, nous avons cité les aliments frelatés, mais aussi les médicaments qui perturbent l'osmose avec le milieu naturel et humain, refermant l'individu sur lui-même. Il faudrait ajouter à ces causes possibles, les contrariétés et les stress qui sont des ruptures de la communication et qui, sur un plan physiologique, font varier brutalement les sécrétions hormonales et l'équilibre acido-basique du milieu humoral et intracellulaire.

→

Le lecteur trouvera une multitude d'autres recettes végétariennes appétissantes et variées dans les deux ouvrages de Martine Rigaudier :

– *330 recettes végétariennes.*

– *Recettes et menus végétariens pour les 4 saisons.*

tous deux aux Editions Dangles.

Recettes végétariennes

1. La présentation des plats

Il paraîtra peut-être extravagant de parler de présentation et d'harmonie des couleurs au moment où la cuisine familiale tend à s'éteindre ; parents et enfants passent, en effet, de longues heures hors de la maison, au travail ou à l'école. On choisit de plus en plus les conserves pour gagner du temps. Pourtant **l'élaboration des repas nous paraît de la plus haute importance** et ne devrait pas être hâtée. Le repas est l'un des seuls moments où les membres de la famille sont réunis et ont la possibilité d'une rencontre.

Faites simplement l'expérience suivante : servez une salade composée sans effort de présentation ; préparez la même salade faite des mêmes ingrédients, avec une recherche esthétique, et vous constaterez que le premier service n'a provoqué que de l'indifférence, le second, l'admiration et l'appétit des convives. La présentation d'un mets est certainement l'une des meilleures façons d'humaniser le repas et l'acte, lui-même, de se nourrir ; même des enfants turbulents deviendront subitement silencieux si les feuilles de salades sont joliment disposées sur le plat, et si quelques pétales de fleurs ornent la table.

Quoi que vous fassiez, consacrez un peu de temps à la préparation des repas ; prenez le temps de disposer harmonieusement le contenu de vos casseroles sur un joli plat, mettez de la couleur : quelques brins de persil et de cerfeuil coupés finement feront l'affaire ; variez vos menus et choisissez toujours des légumes frais cultivés naturellement ; utilisez des aromates, des huiles de première pression à froid, du sel de mer gris.

Pour les cuissons, employez des fait-tout en inox à fond très épais pourvus d'un couvercle ; les aliments auront une autre saveur et garderont les sels minéraux dont notre corps a besoin car la cuisson s'y réalise lentement et sans eau ; il en résulte, de plus, une économie de gaz ou d'électricité très appréciable ; vous trouverez actuellement ces casseroles vendues à l'unité, ne vous encombrez pas de toute une série ; une ou deux bien choisies suffisent pour toutes les préparations.

On recommandera souvent aux végétariens l'usage de la **levure alimentaire** qui contient des acides aminés indispensables à l'organisme dans des proportions tout à fait comparables à l'œuf ou aux produits laitiers ; elle est riche en vitamines du groupe B et en sels minéraux. Dans une alimentation végétarienne, il est bon de l'utiliser quotidiennement.

2. Potages divers

Crème de poireaux

1 litre d'eau, 200 g de poireaux, 500 g de pommes de terre, 25 g de corps gras (huile d'olive ou graisse végétale).

Coupez les poireaux et les pommes de terre en morceaux et faites-les revenir légèrement dans l'huile ; ajoutez l'eau et un peu de sel gris ; laissez cuire 20 minutes, passez au moulin et parsemez de cerfeuil au moment de servir.

Autre variante :

1 poireau, 3 cuillerées à soupe de crème de maïs, huile d'olive.

Coupez les poireaux en petits dés et faites-les revenir dans l'huile, versez 1/2 litre d'eau et faites cuire 15 minutes ; passez-les au moulin. Mettez la crème de maïs dans un bol et mélangez avec le reste d'eau et les poireaux ; passez à la moulinette et faites bouillir quelques minutes avec un peu de sel gris sans cesser de remuer ; saupoudrez de cerfeuil coupé.

Potage au potiron

1 litre d'eau, 500 g de potiron, 500 g de pommes de terre, 1 petit oignon, 1 pincée de noix de muscade râpée, un peu de margarine végétale ou de gras végétal, genre « Nussa ».

Coupez le potiron et les pommes de terre en quartiers, mettez-les dans l'eau avec l'oignon, laissez cuire 20 minutes ; passez au moulin et ajoutez le gras végétal, le sel et la muscade râpée.

Potage aux champignons

1 litre d'eau, 300 g de champignons, 4 cuillerées de crème de riz, 1 pincée de noix de muscade, 1 noisette de graisse végétale.

Versez les champignons coupés en lamelles dans 1/2 litre d'eau et faites cuire pendant 15 minutes ; passez au moulin et portez à ébullition ; salez ; ajoutez à ce moment la crème de riz délayée dans 1/2 litre d'eau et faites bouillir quelques minutes sans cesser de remuer, avec la muscade ; retirez du feu et ajoutez la margarine.

Potage aux asperges

4 à 6 asperges, 3 pommes de terre, 1 litre d'eau, sel, 1 noix de gras végétal.

Coupez les asperges et les pommes de terre en petits dés ; faites-les cuire dans l'eau avec un peu de sel ; passez-les au moulin et ajoutez au moment de servir une noix de gras végétal et une poignée de persil haché fin.

Soupe à l'oignon

1 litre d'eau, 250 g d'oignon, 60 g de crème de maïs, sel gris, corps gras et comté, quelques tranches de pain grillé.

Épluchez les oignons et faites-les dorer doucement dans le corps gras ; ajoutez la crème de maïs, le sel gris et l'eau en continuant de remuer avec une spatule ; portez à ébullition pendant quelques minutes ; servez dans les assiettes avec le pain grillé et le comté râpé.

3. Salades

Voici quelques exemples de salades simples à réaliser. A partir de celles-ci, on peut imaginer toutes les variantes possibles en recourant aux différentes salades vertes, racines râpées et aux légumes qui, pour la plupart, sont comestibles crus ; les aromates et les huiles sont d'une grande diversité : tous ces ingrédients permettent des combinaisons à l'infini ; on ne pense pas toujours à utiliser dans les salades, des morceaux de fruits acides (pomme reinette ou pamplemousse), des fruits oléagineux (noix, amandes, noisettes), des fromages à pâte cuite, du fromage blanc ou des yaourts. De petites quantités de céréales ou de légumineuses cuites à l'avance transforment la salade en un véritable plat de résistance.

Champignons crus à la grecque

Champignons de Paris, romarin, huile d'olive, citron, sel.

Lavez les champignons, coupez-les en fines lamelles, disposez-les sur un plat avec quelques brins de romarin frais et un peu d'huile d'olive, un citron pressé et un peu de sel gris. Laissez macérer le tout 1/2 heure et consommez avec quelques olives noires.

Salade verte au fromage blanc

1 laitue ou 1 scarole, 1 fromage blanc, ail, ciboulette ou oignon blanc, persil, sel, citron, huile d'olive.

Préparez la salade verte et placez-la dans un saladier ; mettez le fromage blanc dans un récipient creux avec le citron, la ciboulette, l'ail et le persil hachés très finement ; ajoutez huile et sel ; servez en accompagnement de la salade verte.

Salade d'été

Quelques tomates, 1 concombre, quelques feuilles de salade verte, 1 ou 2 oignons, 1 petit poivron, quelques olives noires.

Coupez le concombre en rondelles et placez-le en tas au centre d'un plat rond ; coupez les tomates et disposez-les tout autour ; terminez de garnir le plat avec la salade verte ; coupez les oignons blancs en tout petits morceaux ainsi que le poivron ; parsemez tout le plat d'olives en accompagnant d'une sauce à l'huile d'olive.

Salade d'été au yaourt

1 concombre ou des radis, 2 yaourts, citron, ail et ciboulette.

Coupez le concombre ou les radis en rondelles fines, arrosez de yaourt et de jus de citron ; versez de l'ail et de la ciboulette hachés finement avec un peu de sel ; mangez frais.

Scarole aux pommes et aux avocats

1 scarole ou 1 chou rouge, 1 pomme reinette grise, 1 avocat, 1 échalote, persil, huile de noix, citron, sel.

Lavez la scarole, égouttez-la et coupez-la dans un saladier ; coupez la pomme et l'avocat en petits dés, hachez le persil et l'échalote ; servez avec une sauce à l'huile de noix.

Salade verte avec carotte, betterave rouge et céleri-rave râpés

1 salade verte, quelques carottes, 1 betterave rouge, 1 céleri-rave, persil, citron, sel et huile de tournesol.

Lavez et égouttez la salade, disposez-la sur un plat ; disposez par-dessus des petits tas de carotte, de céleri-rave et de betterave rouge râpés et parsemés de persil ; servez avec une sauce à l'huile de tournesol, sel, citron, et levure diététique.

Ces quelques exemples de salades simples à réaliser sont destinés à suggérer toutes les combinaisons imaginables, en utilisant les diverses salades, tous les légumes qui peuvent être consommés crus, et qui sont nombreux, en variant aussi les formes et le découpage, et en employant tous les aromates et les différentes sortes d'huiles.

4. Céréales

Les céréales se préparent de multiples façons ; on les consomme sous différentes formes : crème, semoule, flocons, grains, farines.

Les crèmes :
— Avec poireaux, oignons, asperges, on fait de délicieux potages.
— Pour épaissir une sauce.
— En bouillie, pour les jeunes enfants et les personnes âgées ; sucrées avec lait, œufs, vanille, caramel, etc., pour les desserts.

Les semoules : permettent de confectionner polenta, quenelles, gnocchi...

Les flocons :
— Pour épaissir les potages.
— En muesli, au petit déjeuner.

— En gâteaux sucrés.
— En galettes salées, aux olives et champignons, par exemple.
Il existe des flocons de blé, d'orge, d'avoine, de millet, de seigle, de sarrasin, de riz.

Les grains :
— Pour accompagner des légumes.
— En gratin, au four, avec œufs et fromage.
— En farce, pour les courgettes, tomates, oignons et poivrons.
— En salades.

Les farines :
— Pour confectionner des tartes aux fruits ou des gâteaux avec lait et œufs.
— Pour épaissir une sauce.
— Pour faire du pain ou du pain d'épice (farine de seigle).

Galettes de flocons d'orge

4 tasses de flocons d'orge, 100 g de noisettes grillées ou en poudre, 1 œuf, 1/2 litre de bouillon de légumes, sel marin, huile, persil.

Versez l'eau de cuisson bouillante des légumes sur les flocons d'orge et laissez gonfler 15 minutes ; coupez l'oignon et faites-le blondir dans l'huile ; mélangez les flocons, l'oignon, le sel, le persil, l'œuf et les noisettes ; formez, à l'aide d'une cuillère, de petites galettes que vous ferez dorer des deux côtés ; mangez-les accompagnées de salade.

Variante :
4 tasses de flocons mélangés, 100 g d'olives, 1 oignon, 1 œuf, persil, thym, romarin, ail et sel.

Faites gonfler les flocons mélangés pendant 15 minutes ; incorporez ail, oignon, aromates, olives hachées, l'œuf, le sel ; formez des petites galettes et faites dorer ; on peut ajouter quelques champignons ou légumes cuits et on peut les servir avec salade verte ou sauce tomate.

Orge aux champignons

3 tasses d'orge en grains, 200 g de champignons, 3 échalotes, ail, thym, laurier, muscade, sel.

Faites tremper la veille au soir l'orge en grains ; faites cuire et égouttez ; faites mijoter tout doucement échalotes, champignons, ail, thym, laurier, muscade et sel, et quelques minutes avant de servir, versez l'orge en la mélangeant bien avec le reste. Servez chaud.

Boulghour

Recette de base (pour une personne) :
1 tasse de boulghour, 2 tasses d'eau.
Faites cuire pendant 20 minutes environ avec le sel ; comme pour le millet, cette cuisson servira de base à de multiples recettes.

Courgettes farcies (pour 4 personnes) :
4 courgettes, 2 tasses de boulghour, 2 œufs, 200 g de champignons, 1 tomate, 1 oignon, herbes de Provence, persil, sel, ail.
Coupez les courgettes par la moitié dans le sens de la longueur, évidez-les, salez-en les parois et placez-les dans un plat ; faites cuire à part le boulghour 10 minutes ; lavez et coupez les champignons, faites-les cuire quelques minutes, couverts ; hachez finement la chair des courgettes, l'ail, l'oignon, les champignons, le persil et la tomate ; mélangez le tout avec le boulghour ; ajoutez les œufs, les herbes de Provence et le sel ; garnissez de cette farce les courgettes ; mettez un peu d'eau dans le fond du plat et faites cuire à four doux pendant 3/4 d'heure environ.

Variante : cette recette peut être également réalisée en utilisant riz ou millet comme céréale de base pour la farce, et poivrons, tomates ou aubergines pour légumes.

Millet

Recette de base (pour une personne) :
1 tasse de millet, 2 tasses d'eau.
Faites cuire le tout avec un peu de sel pendant 20 minutes environ. Cette cuisson sert de base à plusieurs recettes.

Gratin de millet (pour 4 personnes) :
4 tasses de millet, 2 œufs, oignons, comté, sel, noix de muscade râpée.
Faites cuire le millet 20 minutes ; aromatisez ; incorporez les œufs battus, le sel, l'oignon coupé menu et le comté ; faites dorer au four 15 minutes.

Variante : en ajoutant des champignons, courgettes ou potirons, ou potimarrons, fenouil. Disposez une couche de légumes, une couche de millet, une couche de comté + aromates et finissez par le comté pour faire gratiner ; servez chaud.

Polenta

Cuisson de base (pour une personne) :

1 tasse de semoule de maïs, 3 tasses d'eau ou de bouillon de légumes.

Délayez la semoule dans une tasse d'eau ou de bouillon, faites bouillir le reste du liquide et versez, en remuant fortement, la semoule délayée ; continuez à remuer constamment avec une cuillère de bois afin d'éviter que la polenta n'attache au fond de la casserole ; faites cuire lentement environ 20 minutes ; à partir de là, on peut réaliser différentes recettes :

Polenta au gratin : ajoutez à la polenta bien cuite comme précédemment, 2 œufs, un peu de fromage râpé, sel, thym et muscade ; versez le tout dans un plat et faites dorer au four ; servez avec une sauce tomate ou aux champignons.

Polenta grillée : versez la polenta cuite dans un plat huilé ou sur un plateau, en une couche de 3 cm environ ; laissez refroidir plusieurs heures et, lorsque la pâte est très dure, découpez-la en carrés ou en rectangles et faites-les dorer ; placez-les sur un plat et saupoudrez de comté râpé ; servez avec de la salade verte ou des légumes verts cuits.

Riz

Recette de base :

1 tasse de riz complet ou demi-complet, 2 tasses d'eau, sel.

Faites cuire le riz dans l'eau et le sel pendant 20 à 30 minutes, à feu doux ; arrêtez le feu et laissez couvert environ 10 minutes ; le riz est alors prêt à être accommodé de différentes manières : en salade (avec olives, tomates, etc.), en farce (avec courgettes, tomates, poivrons), chaud (avec une sauce tomate) ou accompagné de légumes variés.

Variante : riz pilaf ou riz à la persane :

Frottez le riz dans un torchon sec et mettez-en dans une casserole la valeur d'une tasse par personne ; ajoutez un peu d'huile et faites revenir légèrement en mélangeant avec une spatule de bois ; arrosez de 2 tasses d'eau par personne et faites bouillir tout doucement jusqu'à absorption complète de l'eau ; couvrez et laissez reposer 5 ou 10 minutes ; en préparant le riz de cette façon, les grains restent détachés et ne collent pas ; vous pouvez l'assaisonner avec des oignons et du curry, du safran et du paprika.

Sarrasin

Sarrasin aux carottes (pour 4 personnes) :

4 tasses de sarrasin, 8 tasses d'eau, 500 g de carottes, 1 oignon, huile, sel, laurier.

Mettez les oignons, l'huile et les carottes coupées en rondelles dans une casserole ; faites-les revenir à feu doux pendant quelques minutes ; versez le sarrasin en grains en ajoutant aussi sel et laurier ; mélangez le tout, ajoutez l'eau et faites cuire de 20 à 25 minutes.

Carrés de farine de sarrasin :

1 tasse de farine de sarrasin, 2 tasses d'eau, sel marin, œuf, chapelure, huile.

Faites une bouillie épaisse avec la farine de sarrasin, l'eau et le sel ; laissez cuire quelques minutes et refroidir quelques heures dans un plat ; découpez cette pâte en carrés ou en rectangles que vous passez dans l'œuf et la chapelure et faites dorer ; servez avec une salade ou des légumes cuits. Vous pouvez aussi ajouter à la bouillie un peu de purée d'arachide pour relever le goût du sarrasin.

5. Légumes

La cuisson des légumes

Toutes les cuissons de légumes dont nous parlons se font dans un fait-tout en inox (ou en terre) à fond très épais et comportant un couvercle capable de retenir la vapeur et permettant la cuisson sans eau ou avec seulement le fond d'un verre. L'eau de condensation forme une sorte de joint dans la gouttière du couvercle et retombe sur les aliments qui mijotent ainsi dans leur propre jus.

On coupe les légumes à la grosseur voulue, on les lave et, sans trop les égoutter, on les place dans le fait-tout ; on referme la marmite avec le couvercle, on fait chauffer pendant quelques minutes, on baisse ensuite le feu au minimum et on laisse cuire le temps nécessaire selon le légume choisi. Les légumes peuvent être consommés immédiatement ou plus tard, et resteront chauds longtemps. Les légumes cuits de cette manière sont savoureux et gardent le maximum de leur valeur nutritive. Si vous souhaitez ajouter du beurre ou un corps gras végétal, faites-le juste avant de servir, une fois le chauffage arrêté.

On distinguera les corps gras qui supportent la cuisson, utilisables pour faire dorer les légumes dans certaines recettes (ce sont l'huile d'olive et la graisse de palme) et les corps gras qui ne doivent pas être chauffés et devront être utilisés lorsque le plat est retiré du feu et avant la consommation (huile de tournesol, graisses solides à base végétale, huile de coco et noisette, ou beurre). La cuisson sans corps gras est toujours préférable, ceux-ci étant inévitablement dénaturés par le chauffage.

Artichauts à l'étouffée

1 kg de petits artichauts violets, huile d'olive, ail, persil, sel.

Coupez les artichauts en 4, lavez-les et mettez-les dans un fait-tout avec un peu d'huile d'olive et de sel ; couvrez et laissez cuire à petit feu pendant 20 minutes ; enlevez le couvercle et ajoutez l'ail ; remettez sur le feu quelques minutes, servez dans un plat en terre ; parsemez de persil finement haché.

Ratatouille niçoise

150 g d'aubergines, 150 g de courgettes, 150 g d'oignons, 1 poivron vert, 500 g de tomates, 2 gousses d'ail, thym, laurier, sel, huile d'olive.

Coupez les courgettes, les aubergines et le poivron (non épluché) dans le sens de la longueur ; émincez les oignons en lamelles ; essuyez et coupez les tomates en quartiers ; faites chauffer l'huile d'olive dans une poêle et faites dorer séparément oignons, tomates, courgettes et aubergines ; salez ; versez tout dans une terrine en ajoutant thym, ail, laurier ; faites cuire à four moyen pendant 30 minutes.

Carottes à l'étouffée

1 kg de carottes, 3 échalotes, thym, laurier, sel, huile de palme ou huile d'olive.

Lavez les carottes et coupez-les grossièrement dans le sens de la longueur ; versez un peu d'huile ou de gras végétal au fond de la marmite puis les échalotes coupées en lanières, les carottes, le sel, le thym et un fond de verre d'eau ; laissez cuire de 20 à 30 minutes à feu très doux ; cette préparation accompagne très bien le millet, le riz ou le boulghour.

Soufflé de courgettes

1 kg de courgettes, 50 g de farine, 1/2 litre d'eau, 1 verre de lait écrémé en poudre, 100 g de comté, 4 œufs, sel, thym, gras végétal.

Lavez et coupez les courgettes et faites-les cuire dans un fait-tout avec un fond de verre d'eau, du sel et du thym ; faites fondre le gras végétal, ajoutez la farine, mélangez, puis ajoutez l'eau et le lait ensemble, pour faire une sauce blanche ; mixez les courgettes et mélangez-les à cette sauce ; laissez refroidir et ajoutez le gruyère, les jaunes d'œufs et les blancs battus en neige ; faites cuire dans un moule au bain-marie ou à four très doux 45 minutes ; servez avec une sauce tomate crue.

Bettes

Coupez-les en morceaux de 3 cm ; faites cuire dans un fait-tout, dans un fond de verre d'eau, pendant 30 minutes ; on peut les servir de multiples façons, en sauce blanche au four, avec du comté, en sauce tomate, tout simplement dorées avec de l'huile, de l'ail et du persil, etc.

Haricots verts

Faites cuire pendant 30 minutes avec un fond de verre d'eau dans le fait-tout ; à partir de là, les préparations sont multiples : avec de la margarine végétale, persil et ail, en salade avec des tomates, chauds à la provençale avec un coulis de tomates, etc.

Navets

Épluchez, lavez et coupez-les en rondelles que vous ferez cuire à feu très doux ; s'ils sont un peu forts, une quantité d'eau un peu plus importante est souhaitable. On peut les préparer en purée avec des pommes de terre, au four, avec une sauce blanche, ail, persil, margarine végétale, légèrement dorés, etc.

Petits pois

Écossez les petits pois bien frais et faites-les cuire 20 minutes dans très peu d'eau. On les apprête ensuite de mille façons : en purée, avec un peu de gras végétal, à l'anglaise avec des fines herbes hachées, menthe, fenouil, persil + beurre ou margarine végétale, à la française, avec des oignons et une laitue, avec des carottes, en jardinière, etc.

Poireaux

Lavez les poireaux très soigneusement, coupez-les s'ils sont très gros dans le sens de la longueur et faites cuire très doucement pendant 30 minutes dans le fait-tout ; on les mange en salade avec une sauce au citron ou au vinaigre de vin, en sauce blanche au four avec comté et noix de muscade, en flamique, etc.

Pommes de terre

Les pommes de terre peuvent être préparées de multiples façons : au four, en robe des champs, cuites, en salade, en gratin avec oignons et thym, au four, dorées avec huile ou graisse végétale.

Pommes de terre dorées au four

Prenez deux pommes de terre par personne : pelez-les, lavez-les et coupez-les en deux, puis recoupez dans le sens de la longueur en tranches épaisses de 2 cm ; étalez dans un plat et mettez à four doux pendant 45 minutes, avec un peu d'huile d'olive ou gras végétal ; salez un peu avant la fin de la cuisson ; ajoutez du persil haché avant de servir.

Potiron

Épluchez le potiron, enlevez les graines, coupez-le en gros morceaux et faites cuire dans un fait-tout, soit nature, soit avec une échalote ou une pomme de terre ; écrasez bien, incorporez 2 œufs (facultatif) et du comté, et faites dorer au four avec une pointe de muscade.

6. Sauces

Sauce au citron

1/2 citron en jus, 1/2 citron coupé en fines lamelles, huile d'olive ou de tournesol, sel marin, basilic frais ou séché, ail.

Mélangez l'huile, le jus de citron, le sel, l'ail et le basilic, et ajoutez le 1/2 citron coupé en lamelles.

Sauce au poivron

Un petit poivron doux rouge, une dizaine d'olives noires, 1 cuillerée à café d'estragon, quelques brins de persil haché fin, sel marin, huile d'olive, 1/2 jus de citron.

Passez le poivron, l'estragon, le sel, l'huile et le citron au mixer ; ajoutez ensuite les olives dénoyautées et coupées en morceaux, et le persil haché.

Sauce au pamplemousse

1 pamplemousse, huile d'olive ou de tournesol, 1 cuillerée d'estragon séché en poudre, 1 cuillerée à café de vinaigre de cidre, 1 petite échalote, sel gris.

Mélangez l'huile, l'estragon, le vinaigre, l'échalote et le sel ; passez au mixer, ajoutez le pamplemousse coupé en petits dés.

Sauce à avocat (1)

100 g de graines de sésame, 1 cuillerée à soupe de miel, 1 cuillerée à soupe d'huile de noix, 1 cuillerée à café de vinaigre de cidre, 1 échalote, fromage blanc bien frais, sel et persil haché.

Faites griller le sésame et passez-le au mixer ; mélangez à cette pâte l'huile et le vinaigre, l'échalote et le persil hachés, le fromage frais et le sel.

Sauce à avocat (2)

1/2 avocat, huile d'olive, jus de citron, ail, sel, oignon blanc, basilic, fenouil, thym et muscade.

Mixez l'avocat, l'huile d'olive et le citron, l'ail, l'oignon, le fenouil, le thym, la noix de muscade et le sel ; ajoutez le basilic frais ou sec avant de consommer.

Sauce au yaourt

1 yaourt nature, quelques radis roses, huile de maïs, cerfeuil, échalote, sel, levure alimentaire, vinaigre de cidre.

Hachez le cerfeuil et l'échalote, coupez en petits dés les radis roses ; mélangez le tout au yaourt, en incorporant l'huile, le sel et le vinaigre.

Sauce au cresson

1 poignée de cresson haché, huile d'olive, 1 jus de citron, 1 jaune d'œuf, sel.

Mixez l'huile, le citron et le jaune d'œuf ; ajoutez le sel et le cresson haché.

Mayonnaise sans œuf

2 cuillerées de purée d'amande, huile d'olive, sel et citron.

Mettez la purée d'amande dans un bol ; mélangez tout doucement à l'huile et ajoutez à la dernière minute le sel et le citron.

Mayonnaise au fromage blanc

1 jaune d'œuf, 1 cuillerée à soupe de levure alimentaire, 2 cuillerées à soupe de fromage blanc, sel, 1 cuillerée d'huile d'olive, 2 cuillerées d'huile d'arachide.

Mélangez le tout et passez au mixer.

Sauce blanche à la purée d'amande (chaude)

2 cuillerées de farine, 4 tasses d'eau, 2 cuillerées de purée d'amande, sel.

Mélangez tout doucement la farine avec l'eau pour éviter les grumeaux, et portez à ébullition en mélangeant sans interruption à l'aide d'une spatule de bois ; salez et ajoutez la purée d'amande.

Béchamel au lait de soja

1 cuillerée de gras végétal, 2 cuillerées de farine, 4 tasses de lait de soja, sel, muscade.

Faites chauffer le gras végétal et mélangez la farine tout doucement ; continuez de tourner pendant que vous ajoutez le lait de soja jusqu'à obtention d'une sauce onctueuse.

Sauce tomate froide

300 g de tomates, 1 échalote, 1 gousse d'ail, 1 petit bouquet garni, 1 cuillerée à soupe d'huile d'olive, un peu de menthe fraîche.

Pelez les tomates, mixez-les avec l'échalote, l'ail, le bouquet garni et l'huile ; ajoutez en dernier lieu la menthe fraîche finement coupée.

On peut ajouter à ces sauces blanches ou de tomates, des champignons, du comté ou du citron, des œufs, du persil et des aromates (paprika, muscade, coriandre, et autres). On utilisera ces sauces pour accommoder des plats chauds ou des gratins.

7. Desserts

Soufflé aux poires

600 g de poires bien mûres, vanille liquide, 3 œufs, 4 cuillerées de sucre de canne, une noisette de gras végétal.

Pelez et coupez les poires ; faites cuire de 10 à 15 minutes ; passez-les au mixer avec la vanille et le sucre ; battez les blancs en neige et mélangez le tout ; passez au four 10 minutes à feux doux.

Pommes surprises

Prenez de belles pommes et évidez-les ; faites un mélange de fruits différents coupés en dés, de raisins secs, de miel et de purée d'amandes ; remplissez les pommes et saupoudrez-les de menthe fraîche ou séchée.

Mousse de framboises

400 g de framboises, 4 cuillerées de sucre de canne, 2 œufs, un jus de citron.

Mixez la moitié des framboises avec le sucre, le citron et l'œuf ; versez le tout dans un plat creux et ajoutez le reste de framboises entières en décoration.

Ananas farci

Creusez l'intérieur de l'ananas, découpez-le en petits morceaux et mélangez à de la banane, des fraises, et des groseilles ; ajoutez un jus de citron et 3 cuillerées de sucre ; remplissez l'ananas de ce mélange.

Dessert aux fruits

1 fromage blanc (500 g), quelques gouttes de vanille liquide, 2 cuillerées de miel, 500 g de fraises.

Mixez le fromage blanc, le miel et la vanille liquide ; placez le tout dans un plat et disposez les fraises à la surface de ce mélange.

Mousse à la banane

500 g de bananes bien mûres, 1 cuillerée de miel, 1/2 jus de citron, 1 cuillerée de purée d'amande, 1 cuillerée à café de cannelle en poudre.

Mixez le tout et servez frais.

Table des matières

Annexe : **RECETTES VÉGÉTARIENNES**

La composition et l'impression de cet ouvrage
ont été réalisées par CLERC S.A.
18200 SAINT-AMAND (France) - Tél. : 02 48 61 71 71
pour le compte des Éditions DANGLES
18, rue Lavoisier – 45800 SAINT-JEAN-DE-BRAYE (France)
Dépôt légal Éditeur n° 2626 – Imprimeur n° 8246
Achevé d'imprimer en février 2004